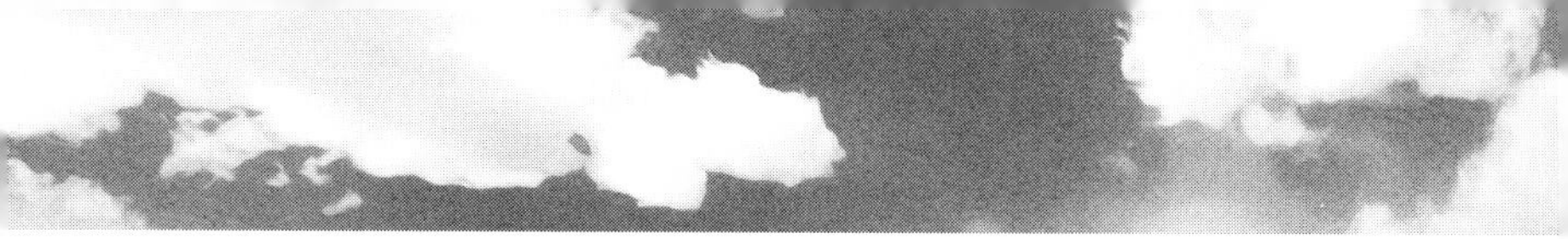

グローバル・アニメ論

身体／アーカイブ／トランスナショナル

石田美紀／キム・ジュニアン 編著

青弓社

グローバル・アニメ論――身体／アーカイブ／トランスナショナル

目次

第1部　国を超えて変容する声と映像

第4章

第2部 多様な身体に作用する声と映像

第3部
多様な素材が示すアニメの現場と仕事の形態

第3章　新潟大学でのアニメ・アーカイブの研究活動
鈴木 潤

第4章

アニメ中間素材からみえてくる〝ブレ〟表現の独自性 222

板倉史明

装丁——神田昇和

第1部

国を超えて変容する声と映像

イントロダクション

石田美紀

「アニメは日本で、日本はアニメだ」。このフレーズは、本書に所収したフィリピンの研究者ジョアンナ・ルイザ・ブエナフロール・オビスポの論文に登場する。「そのとおり」と、この本を手に取った読者のみなさんも同意してくれるだろう。いうまでもなく、「アニメ」と呼ばれる日本製のアニメーションは日本を代表する文化であり、娯楽であり、産業である。一九五〇年代末から国外に輸出されてきたアニメは、国外にも多くの視聴者をもち、二〇二〇年には海外市場が国内市場を凌駕するに至っている。[1]

アニメのグローバル化は、世界中の人々がアニメを楽しんでいることを意味する。しかし、それと同時に忘れてはいけないのは、日本のオーディエンスが感知しにくいアニメに対する受容が世界各地で生じ、日本のアニメと併走するようにしてそれぞれの歴史を紡いできたことである。

本書の執筆者の多くが日本の外に生まれ、アニメとともに育った研究者であるとおり、いまやファンだけでなく、研究者も、自身が属するそれぞれの背景と文脈からアニメという表現媒体について活発に調査し、考察している。

しかしながら、日本国外で発表される研究成果は、そのごく一部が日本語に翻訳されるだけで、ほとんどはその存在さえ日本の読者に知られていない。英語、中国語、スペイン語……。各言語の話者数から単純計算しても、これらの言語で発表されるアニメ研究が日本語の何倍もの数で存在することは容易に推察できる。二十一世紀に入ってから日本の「ガラパゴス化」が盛んに指摘されてきたが、ひょっとするとアニメ研究でも同じことが起きているのではないか。

本書の出発点は、そうした問題意識をもった二人のアニメーション研究者、つまりは本書編者である石田美紀とキム・ジュニアンが二〇二一年三月にオンラインで開催した国際会議「アニメ研究を切り開く――声とアーカイブ」にある。発表言語を日本語と英語に設定して発表者を公募したところ、日本はもとより、中国、フィリピン、スペイン、そしてカナダ、アメリカまで、様々な地域の若手アニメ研究者から多数の応募があった。会議中は国境や文化を超えて活発な議論がおこなわれ、まさにアニメとアニメ研究のグローバルな展開を示すものだった。また同会議の招待講演者である蔡錦佳、渡部英雄、山川道子、板倉史明は、声とアーカイブという二つの観点から、いまだ十全に探査されていないトピックを次々と掘り起こしていった。本書は、同会議の参加者が共有した経験、つまりは国外に広がるアニメの状況とアニメについての思考をより多くの読者に届けることを目的として編んでいる。

第1部「国を超えて変容する声と映像」のキーワードは「声」と「国境」、そして「産業」である。アニメが国境を超えて受容される際にキャラクターが話すセリフは、字幕であれ吹き替えであれ、現地のオーディエンスが理解できる言語に翻訳されなければならない。一九二〇年代末から三〇年代初頭に映画がサイレントからトーキーに移行した際に、言語はコンテンツの円滑な輸出と輸入を妨げる障壁となり、映画会社各社は頭を悩ませることになったのだが、第二次世界大戦後に世界に輸出されたアニメではキャラクターの声や主題歌はどのように処理されてきたのだろうか。これらのトピックは、日本語によるパフォーマンスを自明のものとして楽しむ視聴者にとって副次的な話題なのかもしれないが、実のところ、国外で展開するアニメの多様なあり方を理解するには必要不可欠な観点である。

第1部は以下の四章で構成する。

第1章「台湾における日本アニメソングと音声の現地化」(蔡錦佳)は、アニメの台湾への輸入黎明期にアニメの主題歌の現地化が、台湾のナショナリズム高揚の一環として実践されてきたことを、関係者へのインタビューと綿密な資料調査から明らかにしている。

第2章「フィリピンにおける日本アニメの現地化とその受容」(ジョアンナ・ルイザ・ブエナフロール・オビスポ)は、アニメのフィリピンへの輸入が、太平洋戦争から現在に至るフィリピン人の日本観の変遷にどのような影響を与えてきたのかを、アニメの現地化での日本文化の扱いから記述する。

第3章「目に見えない存在の意義——スペインにおける日本アニメの吹き替え」(クラウディア・ボニッロ・フェルナンデス)は、アニメの輸入に伴って生じた吹き替えの需要が、スペインでの声優産業の成立に与えた影響を論じながら、日本での声優産業との相似と相違を明らかにしている。

そして、国外市場に出ていくアニメ「産業」の戦略に焦点を当てる第4章「アメリカ・クランチロール社と韓国の開発国家的アニメーション」(ザッカリー・サミュエル・ゴッツマン)は、日韓アニメ産業の競合関係、さらにはアメリカのプラットフォーマーを巻き込んでの両者の協働関係を描き出している。同論文の対象であるアニメ配信プラットフォーム・クランチロールは、ジオブロッキングによって日本からは視聴できないため、そこで何がおこなわれてきたのかは日本のオーディエンスが関知しないという意味で、盲点ともいうべきトピックである。

これら四章が共通して描き出すのは、アニメが国境を超えて広がるなかで、それぞれの場の文脈によってあり方を変化させているさまである。すなわちそれは、アニメを日本の内部にとどめて考察することの限界と、外部とのインターフェイスとしてのアニメの可能性を示すものである。

注

(1) 増田弘道/長谷川雅弘/芦川美紗子編『アニメ産業リポート2021 サマリー(日本語版)』日本動画協会、二〇二一年、三ページ

第1章

台湾における日本アニメソングと音声の現地化

蔡錦佳

はじめに

一九七〇年代、日本のアニメ文化が台湾で花開いた。台湾でのメディア政策が、間接的にこのサブカルチャーに影響を及ぼしたかもしれないと考える筆者は、強い探究心を覚える。国のシステムがあってはじめて電波は一般家庭に届くが、外国産のアニメは国の文化政策によって規制されていたのだ。その結果として生じる歪みも、アニメ文化の要素の一つだ。台湾電視公司（以下、台視と略記）で初めて放送された日本のアニメは、七四年六月十八日から始まった北京語吹き替え版の『寶馬王子（リボンの騎士）』（日本での放送は一九六七―六八年）である。同年十一月、中国電視公司（以下、中視と略記）が手塚治虫のマンガ『ぼくのそんごくう』を原作とする『孫悟空（悟空の大冒険）』（日本での放送は一九六七年）の北京語吹き替え版を、北京語主題歌とともに放送した。この主題歌は、当時、中視の楽隊で指揮をしていた林家慶が作詞し、宇野誠一郎が作曲した。当時の台湾は白黒テレビからカラーテレビへの移行期であり、すべての家庭がテレビをもつわけでもなかった。(1)子どもたちは電気屋のテレビを窓から見たり、テレビをもつ親戚の家を訪れたりしてアニメを見た。多くの台湾人にとってレトロなアニメといえば、八〇年代初頭の七〇年代アニメの再放送ブームのことである。

初期の日本アニメソングの台湾での放送についていちばん印象深い事象は、一九七五年五月九日から中華電視公司（以下、華視と略記）がアニメ『水晶宮（ハゼドン）』（日本での放送は一九七二―七三年）を放送したことである。主題歌は、一九三三年に生まれ二〇一八年に亡くなった汪石泉が作詞・作曲した「可愛的小沙東」だ。同年六月五日から『小泰山（原始少年リュウ）』（日本での放送は一九七一―七二年）の放送も始まった。主題歌は、一九二九年生まれの鄧鎮湘が作詞・作曲した「小泰山」だ。これらの主題歌は、日本語版の編曲ではなかった。政治作戦の専門家であり、軍歌の作者であった汪石泉と鄧鎮湘という二人の退役軍人が作詞・作曲し、北京語版主題歌を制作したのである。[2] 当時、外国産の映像は国の言語政策に従って、北京語に吹き替えることが決められていた。結果、日本のアニメとともに、台湾のテレビ業界に北京語の「国語主題歌の制作」「セリフの翻訳」「国語への吹き替え」という仕事が生まれた。これがアニメの「現地化」現象の始まりだ。

1　戦後台湾の国家メディア戦略と、日本文化の音声についての認識

一九七〇年代の台湾の政治情勢は準戦時体制だった。四九年五月から三十八年と五十六日間にわたって、言論や芸術、創作活動と表現の自由に甚大な影響を与えた台湾省戒厳令が敷かれ、六七年に始まった中華文化復興運動推進計画による文化言語政策がおこなわれていた。政府はテレビや映画の制作を利用して国語教育と中国文化の浸透を図り、社会を正すことを目指していた。七一年、中国国民党による戦闘文芸運動が始まると、この政策は芸術的・文化的表現を抑制した。メディア環境に関しては、台視が六二年十月に放送を開始し、その翌年、政府は「テレビラジオ局の番組指導ガイドライン」を制定する。同ガイドラインの第三条は、北京語を放送言語と規定し、方言の使用時間比率が五〇%を超えることを禁じた。[3] 六九年十月には、中視が放送を開始した。歌謡番組も政府の指導対象であり、台視と中視は愛国歌の番組を組んだ。[4] さらに、中視は番組制作での言語処理の原則も作った。[5] 戦後の台湾でのテレビ局の設立は、国民党と密接な関係がある。国民党と共産

党の内戦が継続中であるため、テレビ局には国民党政権を強化する使命が与えられていた。

戒厳期間の台湾では、公的な場所での方言と日本語の使用を禁止していた。しかし、テレビ業界の技術発展のためには日本の力添えが必要であり、実際のところは協力関係が結ばれていた(6)。また日本の演歌や歌謡曲が人々の間で人気があり、国が規制してもその影響は衰えなかった。植民地時代のあとも人々は日本文化の影響を受けていて、国家独自の文化を設立しようとしていた政府との間には緊張感があった。

2 華視によるアニメ主題歌制作の特徴——鄧鎮湘の証言

華視と、台視と中視の日本アニメの主題歌制作の大きな違いは、「歌詞も曲も華視のオリジナルである」というこだわりだ。二〇一五年一月二十八日に、筆者は鄧鎮湘にインタビューをした。華視がまだ設立準備中の一九七〇年ごろに軍を引退して華視に入社した鄧は、当時台湾に輸入されたアニメの吹き替えや主題歌は国の情勢や言語政策に合わせるべきだと考えていた。鄧は、たとえそれが異国で作られた日本のアニメであったとしても、子どもたちがそれらをテレビで見ることでさらに自国の文化を学ぶことが望ましいと考えていた。この考え方は、彼が軍部の音楽家だったことから培われた美意識によるものだ。彼は戦闘文芸運動のさなかに軍歌を、日中外交関係の断絶後には愛国歌曲を作り、中華文化復興運動の浄化歌による文化運動を経験した人物である。鄧は当時、北京語版の主題歌を制作する際、視聴者が子どもである場合は特に、外来文化を現地化させる必要があると考えた。アニメを北京語で吹き替えるのなら、歌詞やメロディーも現地化させたほうがいい。視聴者である子どもたちは中国語の字幕が読めず、日本語の歌詞やセリフがわからないかもしれない。台湾のアニメの北京語版主題歌は、愛国歌曲ブームのなかで制作された。興味深いことに、子どもたちが日本のアニメ番組を見ながら「愛国心」と「正しい精神」が育つように作詞・作曲されたのだ。

鄧はこの点について、次のように述べている。

北京語の主題歌を特別に作り直した。歌はわが国の子どもたちの必要性に合わせなければいけない。文化的に必要だから、言語や音楽を融合させた。

また、二〇一七年六月二日の筆者によるインタビューで、鄧は愛国歌曲ブームについて次のようにも語っている。

当時はみんなが愛国的でなければならなかったからだ。国を愛するということは中華民国を愛するということで、政党に反抗する思想なんて存在しなかった。一九八〇年以前の話だ。主題歌を作曲するとき、最も大切に思っていたのは、子どもたちに正しい思想を与えること。動物愛護や、国、社会、家庭を大事にすること、教師を敬うこと。それが伝統的な思想であり、中華文化だ。

鄧の証言からは、彼は従事した国民文化政策に従いながらも、結果的には「文化を交流させ融合させることによる時代の産物」を生み出していたことがわかる。鄧のあとに汪石泉が華視に入社し、鄧と二人で多くの主題歌を制作した。番組制作スタッフのうち、中華民国の国防大学政治作戦学院の前身である政工幹部学校の出身者は政治作戦に精通していた。この軍事的背景が番組に与えた影響については、さらに追求する価値がある。

3 華視によるアニメ吹き替え版制作——羅敏求の証言

筆者は、鄧鎮湘から番組部の映画組で映像事務を担当していた一九二九年生まれの羅敏求を紹介してもらい、二〇一七年六月十三日に羅にインタビューし、アニメの輸入と吹き替えについて尋ねた。羅の華視での業務は、主に映像作品の輸入と海外の映画祭を視察することだった。そのなかで、羅は海外の映像作品を選択して購入し、それらの北京語への翻訳と吹き替えを担当する声優を訓練し、主題歌制作をはじめ各業務を担当する班に人員を集め、さらには放送前審査をも担当し、外部に向けての説明もおこなった。つまり、華視の羅は、台視の胡瀹生や中視の劉靖亜と並ぶアニメ輸入のキーパーソンである。(7) アニメの吹き替えが求められた一九七〇年代の状況について、羅は次のように証言している。

当時、華視は設立直後で放送する番組が必要だった。アニメは子ども向けの番組だ。自作できる番組数が限られていたので、日本ではやっていたアニメを輸入した。放送前には新聞局の承認が必要だった。アニメを見るときに字幕を読めない子どもがいる。これが吹き替えをおこなう主な理由の一つだ。新聞局からも国語使用の要請がくる。視聴率を上げるためには大切だ。アニメを買い付けてから翻訳して、国語で吹き替え作業をする。吹き替えスタッフは部外者や退職者たちで、案件ごとに報酬を支払うことにした。

羅は、番組の翻訳を最初におこなった人物だった。彼は、華視がまだ存在せず台視が設立されたばかりのころ、すでに外国映像作品の翻訳者として仕事をしていた。華視が翻訳と海外での買い付けができる人物を探していたとき、羅が業界の最先端にいた。華視に吹き替え版制作の養成校がまだないころの人材育成について、羅は次のように証言している。

私たちが携わった翻訳は、台湾では新しく、以前は存在しない仕事だった。翻訳の仕事を始めてから、日本語に精通した人材を探した。翻訳作業のために三人から五人の人材が必要だった。翻訳のために一年に数日の講習会があった。

日本から輸入した十六ミリフィルムには脚本と効果音がつけられていた。効果音は吹き替え後に加えられた。機械操作担当者も必要だった。羅は文書専門で、機械操作は技術員に任された。羅は退職時まで番組制作のリーダーだった。羅が映像を翻訳すると、それは鄧鎮湘と汪石泉の美術組によって「編集審査」へと回された。そこで問題となる日本文化の描写がないかを確認し、アニメの筋書きに沿って主題歌を作成した。重要な点は、日本の主題歌を編曲したわけではないことである。華視が制作した主題歌は人気を博した。

さらに吹き替えの人員について、羅はのちに華視配音訓練班が創設された際に、ラジオ局の従業者や退官者たちをそろえて班員とした。この点について、彼は次のように語っている。

人材はラジオ局で探した。ラジオ局のアナウンサーの北京語はきれいだ。俳優も使った。彼らは非常に優れた声優だった。誰かが吹き替えの講習会をおこない、我々のオフィスに来て吹き替え作業をした。子どもの役は若い女性に頼んだ。このようにして北京語で放送した。

吹き替え版の翻訳で、まず考慮しなければならないのは「文字数」である。声優はキャラクターの「口の動き」に合わせて吹き替えをおこなった。次に、「標準的な北京語」と「話し言葉」を使うことが求められる。セリフの文字数とキャラクターの口の動きが合わない場合は、脚本の内容を変えない程度に文字数を減らす。セリフが国の制度に違反しないことも大切だ。そして内容が暴力的またはポルノ的な場合は、その場面を切り取る。華視の編集者と研究委員会の審査のあと、新聞局の承認を得てはじめて放送できた。日本からの十六ミリフィルムの到着が遅れるときには、朝に新聞局に審査届けを出して結果が出るまで待機し、午後に持ち帰って放送時間に間に合わせた。このやり方はうまくいった。一九七八年八月四日から放送された『無敵鉄金鋼（マジンガーZ）』（日本での放送は一九七二—七四年。北京語版主題歌は作詞：孫儀／作曲：汪石泉「無敵鉄金剛」）と七九年七月十六日から放送された『小甜甜（キャンディ♥キャンディ）』（日本での放送は一九七六—七九年。北京語版主題歌は作詞：孫儀／作曲：周金田「小甜甜」）は高い視聴率を記録し、多くの企業が広告のスポンサーに名乗りを上げた。要するに、吹き替えも主題歌も、国の要請に違反しない内容を保ちながら、人心をつかむことを第一に制作をおこなったのである。

二〇一七年六月十三日におこなったインタビューのなかで、羅敏求は筆者に興味深い話を教えてくれた。当初、華視が海外の映画祭以外の場所で日本のアニメを購入する方法は、台湾人と結婚した「近藤宏」という人物を通じてだった。近藤は日本の東映動画やフジテレビと交渉した。その結果、『無敵鉄金鋼』や『小甜甜』など、華視で最も高い視聴率を記録したアニメが放送された。近藤は、華視との協力ののち、台視や中視とも仕事をし、『七龍珠（ドラゴンボール）』（日本での放送は一九八六―八九年）も誘致した。近藤は、香港、中国大陸、インドでもアニメに関する知的著作権の管理を手がけていて、日本アニメの輸出のキーパーソンである。

太平洋戦争後から日本の映画やテレビ番組は台湾の国家機関の管理下で輸入されていて、それらの社会的地位は時期ごとに異なっている。戦後の台湾は大戦中までの「日本化」を取り除き、「中国化」する政策を掲げていた。それは「反共産主義」と「反ロシア」を意味していた。そのような状況下、一九七二年の日中国交正常化が実行された。七三年七月十八日、新聞局は日本映画の輸入を禁じ、その後十一年間、台湾での日本映画の上映は禁止された。関連して、日本の映像を含む国内外の映画やテレビ番組も取り締まった[8]。日本映画の上映・放送は、映画館やテレビ局ではほぼおこなわれず、新聞局による規制に従って輸入もなくなった[9]。一方、近藤宏は日本の映像コンテンツの代理店として台湾国内の市場に入り、現在でいうところの知的財産とキャラクターマーケティングの原型を築いていた。近藤による日本映画やテレビシリーズの知財や現地化の詳細は、今後の課題とする。

ここまでの議論を要約すると、華視番組部映画組の羅敏求と音楽組の鄧鎮湘、汪石泉は、日本アニメの現地化でそれぞれに重大な役割を果たした。そして近藤は、東アジアでの日本の映像作品の流通でのキーパーソンだった。彼らは一九七〇年代に日本のアニメを台湾に持ち込み、ブームを起こした。ビデオソフトの購入、代理店による輸入、北京語の主題歌の作成、北京語によるセリフの翻訳と吹き替えなど、映画とテレビ業界に多大な影響を与え、日本アニメの現地化を推進したのである。

4 今後の課題

ケーブルテレビ放送で日本語の主題歌が規制なしに流れている現在、かつて鄧鎮湘と汪石泉という軍歌作曲家が制作し、台湾のアニメ文化の基礎を築いた北京語版主題歌は「レトロアニメソング」と呼ばれている。吹き替え技術はその後も発展を続け、近年ではサウンドパフォーマンスとして注目を集めているのだが、まだ研究の余地がある。初期の業界に関しては、元従業員のインタビューや個人所蔵資料の採集などが進むにつれて、既存の研究では発見されていない事実が将来、明かされるだろう。

近藤による台湾でのアニメ輸入を紹介したが、香港や中国でも近藤は同様の仕事をしていた。台湾での仕事が香港や中国よりも早いのかどうかは今後の課題であり、同時期に東アジアに輸出された日本のアニメも調査対象になるだろう。近藤の仕事からは、日本の視聴覚コンテンツに関する「多国籍ライセンス」の概念が現地にどのような影響を与えたのかも、視聴覚文化との関連から考察できる。日本アニメの輸入は各種の社会的反響を引き起こしながら、サブカルチャーとして扱われてきた。しかし、日本のアニメに関連する「歌」と「音声」はサブカルチャーとメインカルチャーとの間を揺れ動き、いまだにその文化的意義は確定されていない。

また、本章で紹介した「歌」と「音声」についてのインタビューは退職者の「非公式」的な経験談であるため、彼らの発言とテレビ局が収蔵するアーカイブ、映像、書類とを照合しなければならないとも考えている。当然、テレビ局の「公式」声明が当研究のインタビューと食い違うこともあるが、そこから産業考古学のアプローチが生まれるだろう。台湾で起こった日本アニメのブームは、台湾テレビ産業の「社史の正史」には属さない。ただ、鄧鎮湘や汪石泉は、過去の写真や楽譜の原稿、関連する書類、手紙や賞状などを、各自の家で保管している。これらの私的な資料の保存が緊急の課題である。音楽家や声優が遺した視聴覚文化資料や歴史的資料は個人の私有財産保護の対象であり、博物館にコレクションするのは難しいのだが、今後も筆者は業界の関連人物にインタビューしながら、本人の同意のもとに資料をアーカイブしたい。

＊インタビュー

二〇一五年一月二十八日、鄧鎮湘、「中華民国軍歌史とアニメ」

二〇一七年六月二日、鄧鎮湘、「国家メディア建設期のアニメソングと音楽観」

二〇一七年六月十三日、羅敏求、「華視のアニメ番組制作私史」

注

(1)一九七四年当時、台湾の白黒テレビの普及状況は二百二万八千四百三十六台、カラーテレビは二十九万三千二百五十五台。中視のカラー番組によってテレビのカラー化が促進され、七九年になると、カラーテレビの普及率は五八・六四%にまで上昇していた(陳淑菁「一九八〇年代以前の台湾に存在した三カ所の無線局の歴史から読み解く、国立科学博物館にあるテレビ文物の位置付け」「科技博物」第十五巻第三号、国立科学工芸博物館、二〇一一年、七三—九四ページ)。

(2)鄧鎮湘と汪石泉は政治作戦の専門家であり音楽家である。多くの有名な軍歌、愛国歌曲、浄化歌曲を作曲した。詳細は以下を参照されたい。蔡錦佳「軍歌作者とアニメ主題歌——台湾におけるおたく文化の戦時下起源」『TOBIO Critiques』#2、太田出版、二〇一六年、三〇—五六ページ

(3)「委員会記録——三、現在のテレビ番組が受ける批評とそれに伴う改善」「立法院公報」第五十九巻第五十号、立法院、一九七〇年、九ページ

(4)中視は中華文化の復興運動のため、一九七〇年六月から毎週月曜日、夜八時二十分から『華夏の歌声』を放送した。第一回の放送では陸光合唱団が軍歌の合唱と軍楽隊の演奏をおこなった(忠「華夏の歌声」「中国電視週刊」第三十五巻、中国電視公司、一九七〇年、五ページ)。

(5)中視が一九七〇年七月の創業開始前に規定した「番組の模範」の第十一項「使用する言語の基準」では、言語(外国語、方言、北京語)の処理規定が定義されている。外国から輸入した番組は北京語に吹き替えられるか、あるいは北京語字幕をつけることを原則とした。また、外国人が現場でパフォーマンスをおこなう場合は、北京語通訳をつけることにした(洪虎「中視番組の制作原則と今後の展

望」「中国電視週刊」第三十七巻、中国電視公司、一九七〇年、八—一一ページ)。

(6)台湾のテレビ放送技術が発達し始めた一九五九年一月、日中協力戦略委員会が日中テレビ事業研究チームを立ち上げた。日本に視察人員を送って、台湾のテレビ産業の発展へとつながった。台視は会社の設立準備期だった六一年十二月、台湾テレビ事業計画委員会を設立。台湾政府が四〇%、民営企業が一〇%を出資した。資金繰りが難しく、フジテレビ、東芝、日立、日本電気も共同で四〇%を出資した。結果、台視は日台両国、政府と民間企業が協力して設立した商業的なテレビ局になった。日本のテレビ番組や広告の流通、コンサルタントの派遣、テレビ関連の電気製品を日台で協力生産することなどの条件のもと、六二年四月二十八日、日台テレビ有限会社が設立された。六八年、中視が、その株の六〇%を所有する中国国民党が指導する文化事業の一環として、台湾初のカラー放送を開始した。日本放送協会(NHK)からの協力を受けてのことだ。そのため、日本のカラー番組が毎日放映された。華視の設立は、教育テレビの変革への需要が高まったときにおこなわれた。六八年の年末に時の国防長官だった蔣経国と教育大臣だった閻振興が教育テレビ局の設立について協議し、六九年から計画を進めた。国防部と教育部が出資して、七一年十月三十一日から放送が開始した。台視、中視、華視は「老三台」と呼ばれる(曾吉賢『打開電視——看見台湾電視産業文化性資産』文化部文化資産局、二〇二〇年、二一—九ページ)。

(7)一九七八年、羅敏求は華視テレビの番組部主任、美術部長、ディレクター、編集審査者とともに日本と韓国に赴き、TBS、NHK、フジテレビ、韓国のKBSを十日間かけて視察した。また日本の映画祭でフィルムを購入した。八五年には、同じく台視、中視、華視の番組部の人員がフランスに派遣され、カンヌ国際テレビ市場ラリーでテレビシリーズを購入している。羅はアメリカのロサンゼルスも訪れてバイヤーを務めた。当時のバイヤー一行は、台視の映画部長、営業部次長、中視の番組部経理、映画部長、そして華視の映画部編集審査者だった羅である。八八年に中視が放送した番組『子どもの世界』内の「暴力的なアニメを見ると暴力的になるか？」では、映画を買い付けた責任者として、台視の胡渝生、中視の劉靖亜、華視の羅敏求が出演している（「華視の徐次衡、日韓への派遣を終え台湾に戻る」「民生報」一九七八年十一月十七日付、「三局のテレビ局の映画部人員がカンヌを訪れ、ＴＶシリーズを購入」「民生報」一九八五年四月十六日付、孫晴峰「アニメがもっと面白かったらいいのに！」「民生報」一九八八年八月一日付）。

（8）一九七三年十二月十八日、新聞局が「行政院台六二聞一〇二六七号函――日本やその他の国の映画で、すでに上映許可があるものは再検査のために提出。いまから許可を申請する映画は承認しない」という行政命令を出した。これは十年間執行され、日本映画の輸入は禁止された。三局のテレビ局もこの規則に従った（新聞局『日本電影、電視、録影節目帯、出版品開放進口之研析説帖』新聞局、一九八八年。新聞局のテレビ放送項目の第四科は羅慧雯の修士論文のため資料として提供された）。

（9）一九七九年、台湾とアメリカの国交が途絶えたが、アメリカの映画やテレビ番組の流通は禁止されなかった。植民地時代後の台湾の「脱植民地化」という目標を垣間見ることができる（羅慧雯『台湾進口日本影視産品之歴史分析――一九四五―一九九六』修士論文、国立政治大学新聞学部、一九九六年、一四―一五、五三、五九、一四〇―一四一ページ）。

［謝辞］鄧鎮湘氏、汪石泉氏（故人）、羅敏求氏、李文堂氏が、当研究のために多くのことを語ってくださったこと、ならびに私的な資料や文献を提供してくださったことに多大な感謝を申し上げます。

第2章 フィリピンにおける日本アニメの現地化とその受容

ジョアンナ・ルイザ・ブエナフロール・オビスポ［平野泉訳］

はじめに

フィリピンの人々は、八世紀に及ぶ日本との交渉について、恐怖から尊敬、疑惑からインスピレーションまで否定と肯定が入り交じった認識をもっている。三百三十三年間のスペインによる植民支配（一五六五―一八九八年）と四十八年間のアメリカによる統治（一八九八―一九四六年）を経験したにもかかわらず、日本による三年間の占領は苛烈な残虐行為と結び付いていて、フィリピン人にとって最悪の暗黒期になっている。

第二次世界大戦中の痛ましい記憶と傷が癒やされたようにみえるのは、フィリピン人が日本の経済と技術発展だけでなく、日本文化に触れたことによる。「日本」という語が暗示した「敵」「乱暴者」は、次第に「友人」「後援者」に変わり、さらに「兄弟」へと置き換わりつつある。ミレニアル世代のある学生グループは、日本のアニメは戦争プロパガンダと暴力が成し遂げられなかったこと、つまりフィリピン人を魅了し虜にすることを達成したと断言する。Parrot Analytics社（パロット・アナリティクス社）の調査[1]によれば、インターネットでの検索、SNSでのシェア、違法ダウンロードの数値は、フィリピンがアニメ需要に関する日本国外市場の上位十位に入っていることを示している。

岩渕功一[2]やエイミー・シロング・ルー[3]によれば、アニメの世界的成功は、受容国による現地化の戦略に加え、作中で人種的・民族的特徴、あるいは日本に関連する「文化の匂い」が和らげられ、消去されていることに起因する。アニメのような文化商品には現地化がおこなわれ、特定の社会規範と価値に適応し、幅広い視聴者の興味に合致するものになる。日本的でないこと、つまり岩渕が主張する「文化的無臭性」という意味での「無国籍」は、しかし、フィリピンで起きていることを的確に言い表していない。

フィリピンでのアニメの現地化とその消費についての知見を広げるべく、本章ではフィリピンの声優、そして視聴者によるアニメの受容と反応を考察する。そのため、筆者は二〇一九年から二一年にかけて二つの対象者グループに対面とオンラインでのインタビューを実施した。第一のグループは、十三年から三十年のキャリアをもつ声優である十人のローカライザーである。第二のグループは、十九歳から七十四歳までの戦後世代である四十人のフィリピン人アニメ視聴者である。なお、視聴者はベビーブーム世代（一九四六―六四年生まれ）、X世代（一九六五―八〇年生まれ）、ミレニアル世代（Y世代）（一九八一―九六年生まれ）、Z世代（一九九七―二〇〇一年生まれ）で構成している。

1　放送枠の穴埋めから熱狂へ

一九七八年、つまりアメリカ製アニメーションがテレビ放送局の編成枠を独占するかのように放送され、アニメーションは「子どものもの」と考えられていたこの年、英語に吹き替えられた日本のメカアニメ『超電磁マシーン ボルテスV』（一九七七―七八年）、『合身戦隊メカンダーロボ』（一九七七年）、『マジンガーZ』（一九七二―七四年）、『UFOロボ グレンダイザー』（一九七五―七七年）、『闘将ダイモス』（一九七八―七九年）の放送が始まった。これらのテレビシリーズは、共産主義の脅威を利用したフェルディナンド・マルコス政権（一九六五―八六年）が支配した戒厳令下

（一九七二―八一年）の社会では、過剰な暴力描写や政権の転覆や革命が表現されているという批判を受け、七九年に放送禁止になった。これらの作品が解禁されたのは、マルコスが追放され、フィリピンが民主主義を取り戻した八六年のピープルパワー革命（エドゥサ革命）のあとだった。

　アニメがフィリピンに流入し現地化が施されているときも、アメリカとの関係は存続し、翻訳と吹き替え用のライセンス供与、さらにはテレビ放送枠の購入〔ネットワークや放送局から事業者が放送時間のブロックを購入し、そのブロック内の広告時間をスポンサーに販売するフィリピンの仕組み：訳者注〕はアメリカを介しておこなわれていた。一九八〇年代には、国内放送局は資金に乏しく能力の点でも限界があったため、アメリカ向けに現地化された日本のアニメ、例えば『鉄腕アトム』（一九六三―六六年）、『ヴォルトロン』[4]『ロボテック』[5]、『科学忍者隊ガッチャマン』（一九七二―七四年）はアメリカからの非正規ルートで購入している。アメリカ経由ではないアニメは、訛が強くないといわれるフィリピンの英語で吹き替えられた。したがって、フィリピンの視聴者がこれらのアニメを日本製ではなくアメリカ製だと勘違いしても、驚くことでは全くない。当初、アニメは単なる放送枠の穴埋めでしかなかったが、次第に番組編成の主軸になり、フィリピンのメディア環境に根づいた。

　一九九〇年代までに、フィリピン人の声優がタガログ語（以下、フィリピノ語とする）に吹き替えるアニメが急増した。このとき、中流階級と労働者階級の視聴者が全世帯の四五％を占めるようになっていた。この吹き替え言語の変化には、フィリピノ語を推奨し、国民としてのアイデンティティを強化する政策、つまり八七年に実施された、各教育課程で英語とフィリピノ語を運用して双方の言語能力を育むバイリンガル教育政策が関係している。アニメをフィリピノ語に吹き替えることは、日本語音声に英語字幕をつけることよりも一般的である。すべての視聴者が英語の文章をよく理解し、字幕を瞬時に理解できるわけではないからである。初期のケーブルテレビにアニメを供給したのはAXNとカートゥーンネットワークである。前者は日本語音声に英語字幕をつけていたが、後者は英語の吹き替えを採用した。

この四十年間に、相当数の作品が英語からフィリピノ語、もしくはフィリピノ語からフィリピノ語へと何度も吹き替えられてきた。それはよりいい質を目指してのことである。なかには、何年も隔てて再放送されただけでなく、複数のテレビ局で放送された作品もあった。そうした事例の一つが『超電磁マシーン ボルテスV』である。この作品はGMA7(一九七八年、一九九九年、二〇一七年)、PTV4(一九八六年)、IBC-13(一九八九年、一九九四年)、RPN9(一九八八—九〇年)、ABS-CBN2(一九八六年、二〇〇六年)、Hero TV(二〇〇五年)、以上六つの異なるチャンネルで放送された。

2 フィリピンのローカライザー──洞察力と実践

主要なネットワークの管理者によれば、一九八〇年代、日本文化への明らかな言及は抑制され、浄化され、削除されていた。[6] ただし筆者がおこなったインタビューで判明したのは、アニメの「日本らしさ」を抑制してアニメを流用したとしても、それは負の記憶のためではなかったということだ。作品名やキャラクターの名前は、フィリピンの視聴者が覚えやすく、彼らにアピールするために置き換えられたのである。

日本の著作権者から、日本語あるいは英語翻訳の台本がフィリピンのローカライザーに提供されないこともしばしばあった。翻訳された台本が送られてくることもあったが、『超電磁ロボ コン・バトラーV』(フィリピンでの放送開始は一九九九年)や『地獄先生ぬ〜べ〜』(フィリピンでの放送開始は二〇〇〇年)のように、会話の流れがエピソードの出来事と一致していないという不正確なものもあった。さらに、ローカライザーはこれらの台本をバラバラに受け取っていて、プロットの流れもほぼ不明だった。インターネットが未発達の時代では、矛盾や奇妙な点について確認することもできなかったため、吹き替え版で名前やジェンダーが変わってしまったこともある。例えば『幽☆遊☆白書』(フィリピンでの放送開始は一九九五年)の蔵馬は美少年の外見とピッチが高い声のために、女性だと推定され、デニスという女性名（つづりはDenise）が与えられた。のちにこのキャラクターが少年であることが判明したために、つづりはDennisと変えられ、男性名のデニスになった。ただし、幻海（マスター・ジェレミア）が女性であることは最後まで気づかれることはなかった。[7]

フィリピンのローカライザーは、日本との間に存在する「慰安婦」問題のような悩ましい事柄以上に、フィリピンの文化的感受性を害さないように設けられたメディアの規制に縛られている。Republic Act No.8370（一九九七年に施行された子どもテレビ法）といった法律やフィリピンの放送コード（二〇〇七年）に従うまでのことである。子どもに優しいアニメを作るために、あるいはフィリピンの映画テレビ審査格付委員会（ＭＴＲＣＢ）の承認を得るために、『新世紀エヴァンゲリオン』（フィリピンでの放送開始は一九九九年）のようにいくつかの暴力シーンが削除されたものもあり、『美少女戦士セーラームーンＳ』（『美少女戦士セーラームーン』はフィリピンでは一九九三年に放送開始）の天王はるかと海王みちるのようなセクシュアリティや女性同性愛の描写は徹底的に変更されるか歪曲された。ブランドの名前や、不敬あるいは血まみれの表現に加えて、以下のフィリピノ語の表現も制限される。宗教関連ではPanginoon（主）、Diyos ko（我が神）、Susmaryosep（イエス・マリア・ヨセフの短縮形）、蔑称ではtanga（まぬけ）、bobo（バカ）、walanghiya（恥知らず）、暴力行為ではpatayin/todasin（殺す）、barilin（撃つ）が、そうである。

フィリピンのローカライザーは、翻訳での二つの戦略である自国語化と外国語化によって、アニメがフィリピン人の視聴習慣の一部であり続け、その大衆意識においてニッチな市場を獲得できるようにしている。自国語化は、原語の意味とスタイルを汲み取り、翻訳言語である自国語のなかにより近い語を探して自国の文化に溶け込ませることである。外国語化は原語がまとう異国の雰囲気、つまり人名や料理、歴史上の人物や街並み、さらには風習を保ち続けることである。

ナショナリズムを促進するためには、外国由来の事柄はフィリピンの文化的背景や経験に関連づけられる。「現代フィリピノ語吹き替えの父」として知られるダニーロ・マンディア(8)は、もろもろの手段を用いて自国語化をおこなった。彼は「優しさと勇気の賛歌」と自ら呼んでいる主題歌の歌詞を翻訳して作詞した。特に『魔法騎士レイアース』（フィリピンでの放送開始は一九九六年）や『家なき子レミ』（フィリピンでの放送開始は一九九九年）では、フィリピンの風土をほのめかし、土地の謎かけや韻、フィリピノ語特有の口語表現や、詩的な一節を使う伝統的討論方法のバラクダサンなどをうまく使っている。

一方、外国語化の戦略は、フィリピンでも人気が出てきた日本料理に関して施される。特に、若い吹き替え担当者は日本の名称をそのまま残す。「おにぎり」はかつてはフィリピンのお菓子「pichipichi」と訳されていたが、いまは「*onigiri*」のままだ。「刺し身」は hilaw na isda（生の魚）ではなく「*sashimi*」とする。これは日本料理がフィリピン人の意識にすでに根づいているためである。敬称の使用もそうである。例えば kuya/ate（兄／姉）よりも「*sempai*」が使われ、titser（先生）よりも「*sensei*」が使われる。うずまきナルト（『NARUTO――ナルト』）のパワフルな

「術」などは日本語の音「*jutsu*」のままである。

このように現地化は文化をブレンドすることであり、アニメをフィリピンの文化に合わせることは、フィリピン人が日本的だと考えているものの再解釈なのである。こうしたことは、すでに存在する物語からフィリピン版を制作する声優と脚本家によってもたらされる。現地化に携わる日本とフィリピンの人材は、それぞれの専門的知識でもって、「国際的な創造のコラボレーション[9]」と見なしうるプロジェクトに貢献しているのである。

3　世代によるアニメ受容の差異

アニメが手軽に視聴できるかは、現地化されたアニメのフィリピン人による受容に影響する要素の一つである。一九七〇年代後半から九〇年代にかけて、旧世代の視聴者にとってのアニメはテレビで見られる作品に限られていた。特に戒厳令時代では、テレビは見ることができる唯一のメディアだった。二十一世紀になると、何を見るかを選ぶ自由が増え、若い世代はケーブルテレビ、配信、そのほかのプラットフォームを選ぶことができる。しかし、すべての人がアニメの配信に必要な高速インターネットに接続できるわけではない。ブロードバンド回線が使えるユーザーは全体の一〇％以下だともいわれている。そのために、海賊版（ＶＨＳ、ＶＣＤ、ＤＶＤ）に頼る者や、違法なダウンロードサイトから入手する者もいる。

フィリピンのアニメの黎明期では、「アニメ」という語はまだフィリピノ語の語彙の一部ではなかった。異なった世代に属する回答者のなかには、キャラクターが日本的でないために、西洋のものなのかアジアのものなのかを確実に見分けることができなかったと語る者がいる。また、ベビーブーム世代とX世代のインタビュー回答者は、会話が英語で吹き替えられていたにもかかわらず、数話を見たあと、日本語のサウンドトラックが一部もしくは完全に残っていたために、この外国のコンテンツは西洋やアメリカのものではなく、日本のものだとわかり、やがて好きになっていったという。七十歳代の対象者は懐かしそうに、彼女と友人たちは『ボルテスV』のキャッチーな主題歌を口ずさみ、子守歌として子どもに聞かせたと回想した。今度は子どもたちがその歌を、日本語の歌詞は理解できなくても賛美歌のように何度も歌っていた。また、一九七〇年代から「日本らしさ」は漢字で書かれたオープニングとエンディングのクレジットからも明らかだった。

そして、視聴者たちは会話に差し込まれたフィリピンのユーモアや「風味」が、アニメをどれほど「面白く」「魅力的で」「興味をそそる」ものにしたかを高く評価している。『ルパン三世』(フィリピンでの放送開始は一九九九年)や『SLAM DUNK』(フィリピンでの放送開始は一九九五年)などがそうだ。フィリピノ語への翻訳は、ジョークが文化ごとに異なること、またフィリピン人がユーモアのセンスに恵まれていることを十分意識していて、面白い言い回しや言葉遊び、隠喩を取り込み、フィリピンの視聴者に身近なものになっていた。それこそが、フィリピンでのアニメ人気の理由の一つである。

ただし、フィリピンのオタクと原理主義者から、解釈が間違っていると非難されるローカライザーもいる。「ブッ切れ」アニメとけなされた『新世紀エヴァンゲリオン』では、物議をかもす場面はカットされた。削除はコマーシャルを頻繁に入れるためにもおこなわれていたために、視聴者が筋を追うのも困難になってしまったのである。

字幕か吹き替えか、またどの言語を好むのかは世代ごとに異なる。それは、フィリピノ語よりも英語を上位に置き、皮肉にも日本文化や「メイド・イン・ジャパン」への反感がないという文化的含みを反映している。筆者のインタビュー調査では、ベビーブーム世代の五〇%、X世代の一八・二%、ミレニアル世代の六%、Z世代の二〇%に、つまり全世代の回答者の計一七・五%がフィリピノ語の吹き替えを好んでいる。ただし、フィリピノ語翻訳は不快で陳腐でカッコ悪いという意見もやはりいくつかあった。英語による吹き替えを好む者は全体の二〇%にのぼり、ベビーブーム世代の三三%、X世代の三六・四%、Z世代の四〇%が該当する。そして興味深いことに、ミレニアル世代のなかでも、地方局のフィリピノ語吹き替えアニメが多数派だった一九九〇年代に育った者には、英語吹き替えを好む者がいなかった。そのうち英語吹き替えもフィリピノ語吹き替えも支持しない人々は「ホワイト・ウォッシング」や日本の文化的ニュアンスが消えてしまうこと、アニメらしさが取り除かれてしまう可能性を警戒していた。オリジナルの日本語音声に英語字幕をつけることを好んでいたのは、ミレニアル世代が九四%だった一方で、ベビーブーム世代の一七%、X世代の四五・五%、Z世代の四〇%だった。総計で、複数世代の回答者のうち六二・五%が日本語音声に英語字幕をつけることを支持し、それによって制作者が視聴者に体験させたかった感情に近づくことができると信じている。フィリピノ語字幕をつける試みは、視聴者があまり乗り気でないためにうまくいっていない。

そうはいっても、バイリンガル政策にもかかわらず、すべての人が英語の文章をよく理解し、速い字幕についていけるとはかぎらないことはインタビュー対象者たちも認めていて、それがフィリピノ語に吹き替えられたアニメの視聴率が高い理由である。彼らはフィリピノ語への吹き替えの重要性も認識していて、そのおかげでアニメが「わかりやすく」「見やすく」「共感しやすく」なり、社会経済的な条件に関係なく、誰もがアニメを楽しめるだろうことを認めている。

現地化されるとしても、通常、物語の流れは維持され、視覚的要素も最小限にしか変わらない。筆者が調査した特にミレニアル世代とZ世代は、日本の文化的伝統が高度に視覚化されたアニメを見ていた。特に『地獄先生ぬ~べ~』に出てくる神話や伝説、『るろうに剣心――明治剣客浪漫譚』(フィリピンでの放送開始は一九九八年)で垣間見ることができる歴史、『ボルテスV』のテクノロジー、『ふしぎ遊戯』(フィリピンでの放送開始は二〇〇〇年)のファンタジー、『SLAM DUNK』での日常生活などである。同様にこれらの作品は名誉、訓練、友情、チームワーク、そして孝行といった日本的価値を取り上げている。アニメは「無国籍」であるという見解とは全く異なり、今日のフィリピン人消費者にとってアニメとは日本文化の不可欠な一部であり、実際に日本の「いい匂い」をまとった好ましいシンボルの一つである。X・Y・Z世代に属するインタビュー回答者は少なからずこう断言している。「アニメは日本で、日本はアニメだ」

4 結論

これまで論じてきたとおり、フィリピンで流通しているアニメは「決して文化的に無国籍なメディアではない[10]」。フィリピンの代理店にライセンスが供与されるまでに日本の制作者が「日本らしさ」を抑えて中和していたとしても、その「文化の匂い」をフィリピンの視聴者は感じ取っている。それは、フィリピンへの適応過程でも消えることはない。フィリピンの大手ライセンサーは「私たちは日本のアイデンティティを消そうとはしない。決してしない[11]」と明かしている。にもかかわらず、アニメは広い視聴者に受け入れられてきた。

フィリピンのローカライザーが気を配っていることは、放送局とライセンサーの利益になること、外国のコンテンツを伝達するうえで抜けや誤読がないように努めること、フィリピンの法律と規範を遵守すること、文化や言語にとっての障壁となる断絶を橋渡しすることである。彼らはアニメを通して日本文化が共有されていること、そしてアニメを受容する文化も豊かになることを知っている。より意義深いことは、フィリピンの視聴者がアニメを十全に体験することで、フィリピンの文化とアイデンティティも高められるということである。

四十年以上にわたって日本のアニメの現地化は「日本らしさ」を抑制したり強調したりしてきたが、いずれにしても、フィリピン人は西洋や国内のテレビシリーズにはないアニメの内容と、そこに組み込まれている心を捉える魅力を評価し続けている。それは「異なる」何かによる魅了であり、多くのフィリピン人にとっては幼少期の重要な一部であり、アニメはアメリカ製カートゥーンに取って代わったようだ。

筆者がインタビューをおこなったフィリピンのローカライザーや視聴者が思い描く現地化の過程とは、外国に起源があることを認めながら、フィリピンの活力と創造性を反映するものである。彼らにとって、アニメは国内のメディア環境に不可欠なものであり続け、のちの世代にも伝えられるフィリピン人の視聴経験の一側面になっている。

注

(1) Parrot Analytics, *The Global Content Marketplace: Audience Demand for Anime*, August 9, 2018 (https://www.parrotanalytics.com/insights/the-global-content-marketplace-audience-demand-for-anime/) [二〇二〇年十二月七日アクセス]

(2) Koichi Iwabuchi, "Japan as a Global Cultural Power," In Joseph Tobin ed., *Pikachu's Global*

Adventure: The Rise and Fall of Pokémon, Duke University Press, 2004, pp. 53-79.

（3）Amy Shirong Lu, "The Many Faces of Internationalization in Japanese Anime," *Animation: An Interdisciplinary Journal*, 3(2), 2008, pp.169-187.

（4）Voltron（ヴォルトロン）はアメリカのワールド・イベンツ・プロダクションによる『百獣王ゴライオン』（一九八一―八二年）と『機甲艦隊ダイラガーXV』（一九八二―八三年）の再編集作品である。

（5）Robotech（ロボテック）はアメリカのハーモニー・ゴールド社が『超時空要塞マクロス』（一九八二―八三年）、『超時空騎団サザンクロス』（一九八四年）、『機甲創世記モスピーダ』（一九八三―八四年）を同一のシリーズに再編集した作品である。

（6）Ma. Bernadette Bravo, *Japanese cultural influence in the Philippines through anime's popularity and pervasiveness*, (Doctoral dissertation), Waseda University, 2012, p. 50.

（7）筆者によるMontreal Repuyanへのインタビュー、二〇一一年六月四日。

（8）筆者によるDanilo Ledesma Mandiaへのインタビュー、二〇一〇年三月三十一日。

（9）筆者によるDavid Sta. Mariaへのインタビュー、二〇一〇年三月十七日。

（10）Susan S. Noh, *Nostalgia in Anime: Redefining Japanese Cultural Identity in Global Media Texts*, (Master's thesis), Georgetown University Institutional Repository, 2017, p. iii. (https://repository.library.georgetown.edu/handle/10822/1043827)［二〇二一年九月三十日アクセス］

（11）二〇一〇年二月、Telesuccess社（テレサクセス社）の管理者との私信から。

第3章

目に見えない存在の意義
――スペインにおける日本アニメの吹き替え

クラウディア・ボニッロ・フェルナンデス［風間彩香訳］

今日の日本で声優は、アイドルや俳優、そのほかのエンターテイナーたちと多くの共通点がある。共通点の一つはその人気の高さであり、それは新たなアニメシリーズの告知の際に誰が声優を務めるのかが一大ニュースになることからも明らかである。こうした状況はスペインとは対照的である。なぜなら、スペインでは声優は映画やアニメーション制作で最も目に見えない職業のうちの一つだからである。本章では、スペインでの日本アニメの吹き替えの事例を中心に議論しながら、両国の声優の立場をめぐる違いがどのような社会的・文化的要因から生み出されているのかを明らかにしたい。

1　スペインへのアニメの到来

スペインでテレビ放送された最初のアニメは、一九六〇年代半ばの『ジャングル大帝』（一九六五―六七年／一九六五年[1]）であった。しかし、視聴者はこれが日本のアニメであるとは認識していなかった。スペインのチャンネルでこの種のアニメ番組の存在感はそれほど大きなものではなかったが、『アルプスの少女ハイジ』（一九七四年／一九七五年）や『母をたずねて三千里』（一九七六年／一九七七年）のように、日本の制作会社による西洋文学の人気作品のアニメ化がスペインに流入し始めると、関連商品が発売されるほどの大ヒットになった。第一世代のオタクがスペインで登場したのは、こうしたアニメシリーズの大ヒットの結果だった。八二年以降、アニメは子ども向け番組の四％を占めるようになり、八〇年代後半から九〇年代初めにかけてアニメ番組の放送は増えたが、それは視聴者層を特定の層に限定しない、一般向けの地方チャンネルのおかげだった。

スペインでアニメが本当の意味で花開いたのは、一九九〇年代に入ってからだった。八八年五月三日に承認された民放法によって民放チャンネルに競争原理が導入されたことで、全国のチャンネルでアニメが定期的に放送スケジュールに組み込まれることになった。制作コストが不釣り合いに跳ね上がるという不安定な変化を経験していたスペインの放送業界にとって、北アメリカやヨーロッパの状況と比較して、アニメは比較的安上がりのコンテンツであり、シリーズ化というやり方は視聴者を喜ばせたため、アニメは特に利益が上がるものだった。『ドラゴンボール』（一九八六―八九年／一九八九年）や『美少女戦士セーラームーン』（一九九二―九七年／一九九三年）が放送されたのはこうしたコンテクストにおいてであり、これらのアニメのファンたちは第二世代のオタクと見なされる。今日、スペインの研究者たちが第三世代のオタクを研究対象として扱うのは、『ONE PIECE』（一九九九年―／二〇〇三年）や『NARUTO――ナルト』シリーズ（二〇〇二―一七年／二〇〇六年）などの国際的なヒット作の影響のためである。九〇年代以降、日本アニメをめぐるブームはスペインの出版社による日本マンガの出版ブームと同時並行で起こっている。それは日本文化全般への関心を喚起することにつながり、並行して日本文化の一端として原作や日本の声優の声について興味をもち、アニメ作品に関しての詳細な情報を得ようとする行動に結実している。

一九九〇年代では公営と民営の放送局を合体させた二重放送体制のもとで、テレテキストという文字情報送信システムの一つを用いて字幕がつけられ、これによって視聴者は日本アニメにアクセスすることが可能だった。のちの二〇〇〇年代には、カートゥーン専門チャンネルであり、この種のコンテンツではパイオニアだったBuzz（バズ）あるいはJetix（ジェティックス）のような最初のデジタルプラットフォームがスペインに現れ、字幕付きでオリジナル版の放送を導入した。その二十年後には、国際サイマルキャストといった近年の放送技術やホームビデオ配給などの従来の方法と並行して、Netflix や Amazon Prime Video のような動画配信プラットフォームを介したグローバルなオンデマンドテレビが優勢になり、アニメの専門的な翻訳はますます需要が高まっている。

2 スペインでのアニメの吹き替え

一九九〇年代のスペインでアニメの吹き替えがどのようにおこなわれたのかについて知るにあたり、同国内でテレビ放送された長寿アニメ『ポケットモンスター』シリーズ（一九九七年―／一九九九年）や『ドラゴンボールGT』（一九九六―九七年／一九九八年）の声優たちの証言が手がかりになる。それらの証言によると、一つのエピソードを収録するには、一日の作業で六時間半かかったという。(2) 今日では、同じ場面で登場するキャラクターでないかぎり、声優一人ひとりがそれぞれ単独で収録するシステムをとっているが、当時はすべてのキャストが同じ部屋に集まって吹き替えをおこなっていた。

翻訳者にアニメ素材がどのように渡されたかについては、『ドラゴンボールGT』の翻訳者であるイバルス・バルスデビクスが、英語直訳付きではあるものの、翻訳者が話すことのできない日本語のオリジナル版で渡されたと述べている。しかし、この英語訳の出来が悪く、画とシンクロしていなかったため、翻訳者は画とセリフのズレを調整しなければならなかった。日本語翻訳者は、当時は適当な人材がいなかったため、起用されなかった。もちろん、翻訳者はマンガに触れることもできず、日本の制作スタッフや配給元とさえコンタクトをとることができなかった。そのため、彼らはビデオを見ながらセリフを翻訳・調整する作業、つまり視聴覚的翻訳をおこなっていた。英語訳のセリフではスクリーン上で起こっていることと整合性がとれていないと判断した場合、そのセリフを変更したのである。そればかりか、『ドラゴンボールGT』の場合、アニメシリーズが長く続いたために、放送期間中には、声優は三カ所ないしは四カ所の異なるアニメ提供元と雇用契約を結び、それぞれ別の台本を渡され、ある場合は日本語、別の場合はフランス語やガリシア語(3)、ときには英語から翻訳されたフランス語の台本を渡されることもあった。一九九〇年代にスペインのテレビ局は、アニメをヨーロッパの配給元から一括で購入していて、それらのアニメには放映権を獲得した国の言語で中間段階的な翻訳がついていた。予算や翻訳者の供給不足という問題からイタリアやフランス向けに現地化される傾向があり、大部分のアニメシリーズはそれらの中間段階的な翻訳版が採用された。

さらに、日本と直接のコネクションをもたないことは別の問題を含んでもいた。もともと、スペインでの『ドラゴンボール』シリーズの吹き替えのライセンス権を購入したのはカタルーニャの企業だったが、エピソードが何話あるかも知らず、またプロットやこのアニメがもつ影響力についても無知だった。このことは、声優自身が仕事をするにあたり最低限の情報しか得られないことを意味し、ストーリーを追うのが難しく、演技に影響したという(4)。また、いくつかのエピソードを収録したあと、次の台本が届くまで一年以上かかることも普通だったため、この時間的断絶は声優たちのアニメ作品の理解に影響を与えた。

ルーベン・ソトによれば、幸運なことに最近では、こうした状況は大きく変化してきている。彼はスペインで日本の作品を中心に映画やテレビシリーズの制作、現地化、配給、吹き替えを専門とする映像メディア企業であるMonte Anime（モンテアニメ社）の取締役であり、これまで日本アニメのスペイン語への翻訳や吹き替えをおこなうプロセスも担ってきた。この企業では、日本に電話をかけることだけが業務である従業員を一人配置していて、日本とスペインでは時差が大幅に異なることから、スペイン時間で朝の三時まで働くことが通常である。日本と直接交渉するため、作業スピードはゆっくりになりがちである。特に、カタルーニャ語やガリシア語、バスク語など地方ごとの字幕を入れたい場合や、画を追加したい場合などは、それぞれ個別に交渉しなければならないために一層、時間がかかる。

モンテアニメ社は声優のトレーニングをおこなう点で教育の役割も果たしていて、顧客や視聴者からは様々なキャストを求める声が多いため、スペイン中の声優とのネットワークをもっている。吹き替えトレーニングコースの受講期間は、端役では九カ月間、主役級だと二年である。二年間のコースを修了すると、受講者はプロの声優として仕事ができる資格があると見なされる。例えば、映画『とある飛空士への追憶』（監督：宍戸淳、二〇一一年／二〇一八年）では、キャストの多様性を求める視聴者からの声に応えるため、カタルーニャとガリシアの声優が起用された。スペインでは地方ごとに言語が異なっていて、モンテアニメ社は、それぞれの言語に吹き替えをすると商品価格の上昇につながるため、たいていは字幕で対応している。セリフを翻訳するにとどめるか、あるいは地方の実情に合わせて字幕の変更や画を修正するかという点など、あらゆる変更はライセンス契約に基づく交渉が必要である、とソトは述べる(5)。

アニメの吹き替えの配役に関して統一の基準はないようだが、女性の声優が少年キャラクターを演じるのは一般的である。『ドラゴンボール』のクリリン役を演じた女性の声優アンヘレス・ネイラによれば、十歳以下の男性キャラクターの吹き替えを女性が担当するのは一般的である。さらに、代わりの声優を探すのにお金がかかるという理由から、彼女は、少年キャラクターがどのように成長し、物語がどのように展開していくかについて知らない状態のまま、そのキャラクターが成長して以降も吹き替えを担当し続けることになったという(6)。また、同じアニメのなかで声優が異なるキャラクターを演じるのも一般的である。代表的な例をいくつか挙げると、声優のホセ・エスコボサは、『ポケットモンスター』シリーズが放送された当初から現在までニャースの声を担当しているが、第四シーズンからは声優のルーペルト・アレスに代わってジョヴァンニの声も担当し、さらに『劇場版ポケットモンスター　ダイヤモンド&パールディアルガVSパルキアVSダークライ』(二〇〇七年)のゴーディをはじめ、ほかの多くのキャラクターの吹き替えもおこなっている。また、アンパロ・バレンシアは、ロケット団のメンバーであるジェシーの声を担当する傍ら、『ポケモン』シリーズの収録の責任者でもある。ホルヘ・トメは、『ドラゴンボールGT』のナレーションの声の担当に加えて、カミ役の声優でもある。

3　吹き替えをめぐる検閲と労働契約

スペイン語への吹き替えは、大部分のアニメファンたちの間では、アニメを現地の実情に合わせて変更すべきでないことの事例として記憶されている。当時、オリジナル版に忠実であろうとする姿勢があったのかは疑わしく、検閲がおこなわれたとさえ考えられている。スペインではアニメやマンガは子ども向けの娯楽と見なされたため、吹き替えは特定の場面での性的描写の削除や、非規範的なジェンダー・アイデンティティへの言及を削除するツールとして用いられ、オリジナル版を完全に修正してしまうといった検閲行為がおこなわれたことさえあった。『きまぐれオレンジ☆ロード』(一九八七—八八年/一九九二年)や『らんま1/2』(一九八九年/一九九三年)がその具体的事例として挙げられる。

実は歴史的に、スペイン内戦後の一九四一年四月二十三日に国立興行組合の承認を受けたもの以外は、スペイン語以外の言語で映画を上映することを禁じる通達が出されたことがある。いずれにせよ、フランコ独裁政権下(一九三九—七五年)[7]、スペインで制作・上映される視聴覚作品は厳しい検閲のもとにあった。複数の場面がカットされ、映画自体が上映禁止になったばかりか、セリフが改変されることもあった。吹き替えは、スペインのスタジオでスペイン人によっておこなわなければならなかった。検閲の強制は四六年に終了したが、吹き替えは何十年もの間、イデオロギー操作や支配の道具であり続けた。

吹き替えブームと呼びうるものが到来したのは、一九七〇年代に独裁制が終焉を迎えたあとの八〇年代だった。この時期からスペインではビデオ産業が力を増し、地方別の、民放のテレビチャンネルが開設された。テレビ番組の質は大幅に低下し、労働問題が起こったものの、吹き替えは一大産業になった。吹き替えに関わるのに不適格な人材が増えたのはまさにこの時期であり、この状況は今日も続いている。

一九九三年にはマドリードとバルセロナを中心に吹き替えに従事するアーティストや労働者が百日間のストライキをおこなったのだが、その背景には、八〇年代にスペインに起きた経済危機だけでなく、声優の雇用契約をめぐって自治体やテレビ局、そしてビデオ産業が一貫したルールを設けていなかったことが挙げられる。九三年以降、吹き替えに携わる多くの企業は会社をたたむか、さもなければ契約、さらには税法に背かざるをえなくなった。産業界が一枚岩でないことは価格競争にもつながり、これによって利益を得たのは配給元やテレビ会社だった。吹き替えの質は極度に落ちたが、それは依頼主が吹き替えスタジオに支払う経費を抑えるために、質が悪い吹き替えや翻訳に甘んじたためだった。

4　スペインでのアニメの吹き替えに対する評価

スペインでは、翻訳者や声優の仕事をめぐって、日本アニメだけでなく、吹き替えを必要とするあらゆる外国資本の作品に対して不満の声が上がっている。翻訳は厳しく批判され、マイクを介してかあるいは舞台上かといった形態を問わず、経験を長年積んできた多くの声優たちの才能が疑問に付されている。しかしそのような疑問は有効ではなく不毛なものである。というのも、これまでスペインではほとんどの声優が、最終的にできあがる映像作品の品質保持のために匿名的な立ち位置を選択してきたからである。

女性の声優であるマリア・ホセ・ニエトは、「声優業界では、ある種不可視の存在であり続けようとする伝統がある。…最高の吹き替えとは、その背後に声優の存在を認識させないものである(8)」と述べる。一方で、単純にもとのままのオリジナル版を好む立場もある。オリジナル版のセリフの変更を極度に嫌う人々は純粋主義者と考えられるかもしれないが、必ずしも吹き替えにあたる人々の仕事に特に批判的というわけではない。

おそらく、多くの視聴者は、自分たちの子ども時代に触れた吹き替えに対して、当時それ以外の選択肢をもたなかったため、肯定的に記憶しているだろう。一九九〇年代初めには、スペインの市場でアニメが成功するかどうかを知る術はなかったが、そうであっても『聖闘士星矢』（一九八六―八九年／一九九〇年）の紫龍役を務めたルイス・バレラや、同作品で様々なキャラクターの声を担当したホセ・ルイス・リファンテ、『キャプテン翼』（一九八三―八六年／一九九〇年）のベンジ・プライス（オリジナル日本版の若林源三）を演じたペペ・カラビアス、『ドラゴンボール』の桃白役のマノロ・ソロ、同作品のピッコロ役のルイス・フェルナンド・リオスといった名の知れた声優の参加を頼りにすることができた。

幸運なことに、状況はここでとどまることはなかった。配給という観点では、アニメは何らかの仲介なく、直接日本からスペインに届くようになった。日本のアニメ市場と直接交渉できたことで、スペインに様々なアニメシリーズを持ち込むことができ、それによって市場は拡大し、企業は大ヒットしたテレビシリーズやブロックバスター映画で吹き替えをおこなった声優を起用することが可能になった。今日では、『ドラえもん』（一九七三年―／一九九三年）ののび太役を務めたヌリア・マリン・ピコや、『ＮＡＲＵＴＯ』のカカシ役のファン・アントニオ・アロヨ、ナルト役のハビエル・バラスは人気アニメシリーズの重要なキャラクターを務めたことで、スペインのアニメファンたちの間でスターになっている。こうした状況を真剣にとらえる企業が時間と資金を投資したことで、視聴者がスペイン語で高品質のアニメを視聴できる環境が整いつつある。

5　まとめ——オリジナルにこだわる認識の向こうにあるもの

初期のアニメに関わった声優たちの労働環境は好ましいものではなかったが、今日では日本語からスペイン語に直接翻訳することが可能になり、吹き替えをめぐる環境は改善されつつある。一九七〇年代まで続いたフランコ独裁政権の検閲による吹き替えと政治の癒着や、初期の吹き替え版の質の悪さは、アニメを含めてあらゆる視聴覚作品の吹き替え版に対して不信感を抱く風潮を生み出した。

しかし、最近では、変化の明るい兆しがみられている。新たなテクノロジーのおかげであらゆるものにつながることができる環境で育ったため、若い声優たちは旧来の伝統や見えない存在であろうとする慣習に従うことなく、ＳＮＳを介して進んでファンと交流し、声優という職業の可視化や透明化に貢献している。さらに、ネオジャパニズムとして知られるスペインでの日本のポップカルチャーの人気によって、アニメを求める声が高まり、日本のポピュラーカルチャーに特化した企業の設立が活発である。例えば、前述したモンテアニメという企業は、専門のトレーニングコースを提供することで多くの声優を輩出し、吹き替えの品質向上と様々なキャラクターを演じられる声優の拡充に寄与している。

以上から、これからも日本アニメとスペインとの共存関係は安定して続いていくだろうし、一層強化されるだろう。そして日本の映像作品が起爆剤になり、スペインの吹き替え産業ではまた新たな流行が生まれるのかもしれない。

注

（1）放送年については、日本での放送年、スペインでの放送開始年の順に表記する。スペインでの放送開始年はすべて、スペインの声優や吹き替えメディアに関する最大のオンライン・データベースである *El Doblaje*（〔https://www.eldoblaje.com/home/〕［二〇二一年九月三十日アクセス］）に依拠する。

（2）Gigano Regulus, "Actores de Doblaje Team Rocket Pokemon - Japan Weekend 2020 [Voice Actors of Team Rocket Pokemon - Japan Weekend 2020]," 16 February 2020.（https://www.youtube.com/watch?v=vR2wT_v-7zk）［二〇二一年九月三十日アクセス］

（3）ガリシア語はスペインの公用語の一つである。スペインではカスティリャ語が国全体で通用する唯一の公用語だが、ガリシア語、カタルーニャ語、バレンシア語、バスク語といった地方ごとの「共公用（co-official）」語がある。

（4）CarlesNeo, "Dobladores de Dragon Ball - Mangafest 2013 [Voice Actors of Dragon Ball - Mangafest 2013]," 28 November 2013.（https://www.youtube.com/watch?v=c6AhooeahEA）［二〇二一年九月三十日アクセス］

（5）Mario Moreno, "Entrevista a Rubén Soto, director de Monte Anime [Interview with Rubén Soto, director of Monte Anime]" *La Casa de El*, 23 November 2017.（https://www.lacasadeel.net/2017/11/lcde-entrevista-ruben-soto-director-monte-anime.html）［二〇二一年九月三十日アクセス］

（6）CarlesNeo, op.cit.

（7）一九三九年にフランシスコ・フランコ（一八九二―一九七五）将軍率いる軍隊が内戦に勝利したあとに立ち上げた独裁政権で、七五年十一月二十日の彼の死まで続いた。フランコ政権に対するあらゆる抵抗は検閲され抑圧された。さらに、表現の自由や集会の自由を含む人権が抑圧され、地方の言語を使うことも制限された。フランコ政権はファシストのイデオロギーをもつものとして定義されることがあるが、ドイツのナチズムやイタリアのファシズムとは異なり、より宗教性が強く、保守的だった。

（8）Arturo Tena, "El doblaje en España después de la gran huelga de 2017 [Dubbing in Spain After the Big Strike of 2017]," *Cine con ñ*, 12 July 2017.（https://cineconn.es/doblaje-en-espana-huelga-2017/）［二〇二一年九月三十日アクセス］

第4章

アメリカ・クランチロール社と韓国の開発国家的アニメーション

ザッカリー・サミュエル・ゴッツマン［宮本裕子訳］

1 『ゴッド・オブ・ハイスクール』

韓国のウェブトゥーンを原作とする二〇二〇年のアニメ／アニメーション・シリーズである『ゴッド・オブ・ハイスクール』（以下、『ＧＯＨ』と略記）の映像的な見せ場は、主人公であるジン・モリがテコンドーでトーナメントの決勝進出をかけ、パク・イルピョのテッキョンに挑む第十話にやってくる。手描きのアニメーションと3DCGアニメーション、モーションキャプチャーを組み合わせることで、二人の選手の戦いに重さと奥行きの感覚が加わっている。

このシーンは、同シリーズのメイキング映像(1)でも強調されている。監督は、モーションキャプチャー・スーツを着たプロの格闘家からキックを受けそうになるほど、格闘家に近づいて撮影している。監督にとって、モーションキャプチャーは今日のアニメの多くに欠けているリアリズムの感覚を生むものだが、それ以上にモーションキャプチャーによるリアリズムは、この企画に対する監督や全スタッフの「情熱」の表れであることが暗に示されている。この「情熱」は、彼らが低賃金ながらもアニメ制作のための膨大な作業量をこなすことを正当化する。

メイキング映像を通してみられるのはリアリズムと情熱だが、そのことは韓国人監督が演出するアクションや韓国人らしきテッキョン選手、そして韓国人作者による原作のウェブトゥーンに埋め込まれた「韓国らしさ」を含み持っている。テッキョンは、作中の観客によっても指摘されるとおり、テコンドーと比べるとあまり知られていない武術だが、例の第十話は物語世界のなかでも現実世界でも韓国武術の宣伝に寄与している。

しかし『GOH』という作品に韓国らしさがあるならば、その韓国らしさは多国籍的でグローバル化された商品に埋め込まれたものである。二〇一一年から連載が始まった韓国のウェブトゥーンに基づくこのアニメは、世界中の視聴者に向けて新たに企画された、日本・韓国・アメリカ共同制作アニメの一作である。本作はアメリカのアニメ配信アプリであるクランチロールがプロデュースし、制作は様々なスタジオで、とはいえ基本的には大手アニメ・スタジオであるマッドハウスから分社した日本のアニメ・スタジオMAPPAでおこなわれた。韓国のスタジオDR MOVIEも制作に入っているため、クレジットには韓国人と日本人のアニメーターが混在しているが、『GOH』は、韓国人が監督をはじめ原画を含む制作の主な工程を担っていることで有名である。スタジオDR MOVIEと監督自身も、この企画では韓国ならではの特徴を生かしていると強調する。『GOH』は、架空の世界ではなく、ソウルという都市を舞台にしている。ハングルを明示し、さらに韓国の食べ物や文化、政治に関することに触れている。それにもかかわらず、このアニメは日本語音声に英語字幕入りで世界配信され（韓国語吹き替え版はその後に韓国限定で公開）、さらにアメリカ人が歌うオープニング曲とK―POPのエンディング曲を組み合わせている。そして、ストーリーラインは日本の少年アニメの多くと類似している。すなわち、『GOH』の立場が困難であるのは、日本・韓国・アメリカという三者が可能なかぎり大きな消費者層に対して自身を位置づけようとして資本を持ち寄った共同制作であるだけでなく、美学的側面でも共同制作になっているからだ。

とはいえ、実は共同制作というものは存在しない。資本主義国家による世界システムは、最適者が生き残るための帝国主義の競争であり、実のところ共同制作は「比較優位」というイデオロギーを正当化しながらほかの国を相手に争い、優位性を獲得する機会なのである。制作や美学における韓国らしさはそれをグローバルな文化商品として主張する試みであり、また安価で気にもとめられなかったアニメーション労働の世界工場という汚名から数十年ののちになされた大胆な作戦なのである。

一九九〇年代に、日本とアメリカに次ぐアニメーション産業をもつに至った韓国は、国外のアニメーション産業のためによく働く従順な労働資源の地であり、韓国人の名前が日本やアメリカの番組にローマ字でクレジットされるだけ(数十年間はそれさえなかった)だったが、経験を積み重ねて自国の産業に生かそうという希望をもっていた。さらに、九〇年代の終わりにはバブルがはじけ、安価な労働を提供し続けることが高くつきすぎるようになった。しかし、下請けの経験を韓国が自国産業の発展のてこにしようとしている間、日本やアメリカはそれを無為に傍観していたわけではない。

韓国が自国のスタジオで、下請けのレベルを超えてアニメーションのより多くの工程を取り入れようと励んでいたとき、日本とアメリカはコンピューター・アニメーションに投資していた。コンピューターが世界経済を変化させてきたのと同様に、コンピューター・アニメーションはアニメーションの制作工程に革命を起こしつつあったのである。一九九五年のディズニー・ピクサーの『トイ・ストーリー』が予言した3DCGアニメーション・ブームは、韓国のアニメーション業界をディズニー・チャンネルやニッケルオデオンの昼間のテレビ用番組の外注へと降格させ、長篇映画という文化生産と新しい技術という領域から根本的に締め出した。一方、経済的停滞に直面していた日本では、自国のアニメがグローバルな市場で競争ができ、「失われた十年」の不幸な若者に経済的な価値をもたらすだけではなく、彼らがその経済的価値の源泉になりうる産業の一つであることに気づいた。

そうした状況下で『GOH』は、K―POPの国際的な大成功から韓国文化の人気まで、つまり韓国ドラマや映画のなかの武術まで、韓国がもつあらゆる経済的強みを活用している。『GOH』の原作をはじめウェブトゥーンは、スマートフォンの世界により適合するだけではない。出版社と作者の力関係は非対称であり、さらにはファンの労働を、そして「プロシューマー」によるバズるコンテンツを「超‐搾取」することで著しい収益が生み出せるため、ウェブトゥーンは漫画産業そのものを改革しアメリカのコミックと日本のマンガを圧倒するかもしれないものだ。また『GOH』でCGを使って韓国らしさを提示することは、韓国のCGが世界最高レベルのCGと競うことができ、魅力があるアニメーションを作れるという自信の表れである。

しかし、『GOH』のメイキング映像で語られていないこともある。それは、第十話のためのCG制作をタイのStudio Rocketsに外注していることである。つまり、タイでなされた作業が、韓国武術を本物らしく描写することに関わっているのである。『GOH』が日米と対等なレベルにある韓国のアニメーションを代表するには、世界銀行の助言に従って輸出志向産業による韓国型経済発展を模倣する、タイをはじめとする多くの新しい「韓国」を犠牲にするしかないのである。

アマンダ・ラティマーは、新自由主義時代に広がる「輸出志向」の産業化について次のように述べている。

蓄積の絶対法則〔利益率の低下から不可避的に労働予備軍が生み出されること：引用者注〕こそ、今日の「底辺に向かう競争」を考察するためのいい方法である。底辺への競争とは、「労働力の甚だしい不平等」を、国民単位の労働者グループへ、さらには国民単位より小さな諸労働者グループへと国境を横断して結び付ける総合的な社会関係のことである。また、搾取の割合を均等化するのではなく、雇用条件や生活水準の悪化のスパイラルにそれぞれがからめとられる関係である。(2)

ここで示唆されるのは、対等な関係での共同制作という夢など実現していないということである。『ＧＯＨ』のメイキング映像で実際に見せられているのは、日本人のアニメーターもまた、技術的な質の補償のためではなく、社会的再生産の一部としてのコンテンツ生産での労働需要と、「超－搾取」の状況に引きずり込まれているために、韓国人監督のもとで働いているということである。一方、日本のアニメ産業は、その世界的成功にもかかわらず、利益では危機のただなかにある。クランチロールはしたがって、市場や知的財産の新しい巨大な源泉として、韓国のウェブトゥーン原作のアニメ制作を強力に売り込んだといえる。

さらに、クランチロールによるウェブトゥーン原作アニメの共同制作は、グローバルな独占資本の構造的傾向を示す見本になる二つの現象に結び付いている。一つはソニーによるクランチロールの買収であり、もう一つはNAVERウェブトゥーンとその日本の子会社であるLINEの目覚ましい成功である。この二つの事例は、韓国と日本が、プラットフォーム独占資本主義とグローバルな労働仲介の新しい世界体制のなかでどのようにして生き残ろうとしているのかを克明に示している。

2 クランチロール――ファン労働の蓄積

ソニー傘下のアメリカのアニメ配信会社であるファニメーションは、二〇二一年に十一億七千五百万ドルでクランチロールの買収を完了した。ソニーはいまや、クランチロールの世界中の有料サブスクリプション会員五百万人と二百を超える国の登録者一億二千万人を、その主なライバルだったファニメーションの会員と統合し、「一体化したアニメのサブスクリプション体験を創造する」能力をもっている。

クランチロールは、ファンサブ〔ファンが字幕をつけること、あるいはその字幕：訳者注〕付きでアニメがアップロードされる小規模動画共有サイトとして二〇〇六年に始まった。高品質の動画へのアクセスを希望する会員からの「強制的な」寄付金に頼りながらも、(3) クランチロールは当初からファンの労働を潜在的な収入源にしていた。その収入は、例えばファンサブと翻訳だけでなく、掲示板への質が高い投稿とそれに対するポイントとバッジの特典、さらにはユーザーグループ全体に対して市場調査を実施したりサイトを管理したりするモデレーターや管理者の労働によるものだった。

クランチロールはこれらを最大限利用し、〇八年にベンチャー投資企業ヴェンロックから四百万ドル、日本のアニメ制作会社GONZOの親会社であるGDHから二百万ドルの出資を得て、GDHの主導によってアニメ史で初めての世界同時配信をおこなった。[4]

驚くべきことに、この期間のクランチロールは海賊版の動画共有を続けていただけでなく、自社サイトの掲載動画の大部分が海賊行為の対象になることも放置していた。[5] 結果、二〇〇七年には海賊版は業界を破滅させると非難していたGONZOが、結局は海賊版を提供するサービスに投資し、〇九年には破産に追い込まれるという皮肉な状況が生じたのである。[6] ファンの労働とファン共同体の精神を収益化しながら、クランチロールは、テレビ東京からの七十五万ドルの投資の条件の一部として、ついにサイトから海賊版を排除した。その後一五年には、多数のメディアを擁するチャーニン・グループからの二千二百万ドルの投資とともに最終的に買収され、同社の市場価値が約一億ドルに見積もられるまでになった。[7]

二〇〇七年から〇九年にかけて、海外市場でアニメブームが崩壊し、海外での売り上げが〇一年から〇三年の売り上げの半分ちかくにまで縮小したが、一九年には二百四十億ドルにまで回復し、その売り上げのおよそ半分は海外市場のものである。ただし、この世界的なブームはまだ本当には訪れていなかった。前述の投資者が本当に興味をもっていたのは、クランチロールが象徴する構造的な移行である。ファン労働の収益化と、制作と配給全体に関する管理の中央集権化は、グローバル化の一般的な傾向をデジタル空間で反復するものだった。その傾向というのは、労働価値を切り下げること、そして労働過程を独占的に管理する領域の価値が増加することである。ちょうどアニメーション制作で、プリプロダクションやポストプロダクションの工程に付加価値が与えられる一方で、作画は外注されて労働条件の底辺への競争に捕らえられているように（単価が最も低いトレース・彩色・動画と、そうではない原画といったように、集約型労働は工程ごとに分業化されていて、その区分はそれをおこなう国の違いとして具体化されている）、クランチロールは配給だけを抜き取り、配給のためのもろもろの作業、例えば翻訳、エンコード、アップロード、さらには宣伝までも分業化した。特に、クランチロールはファンサブや海賊版を放置せずに駆逐し、アメリカのアニメファンの多くがクランチロールに依存するよう仕向けた。そして、かつてのファンサブ制作者を新しい独占企業は低賃金で雇用した。こうした話は、ファイル共有サイトに通じた人なら誰もがよく知っているはずである。

「クランチロール・オリジナル」作品として制作された『GOH』は、資本と企業独占のトランスナショナルな中央集権化に向けた最新の、そして最も意欲的な試みである。この試みには、ソニー、クランチロール、そして日本の子会社 LINE を介して韓国の NAVER 社が集結した。具体的な成果はともかくとして、ソニーはこのモデルが将来的に利益を生むことを信じていたにちがいない。しかし『GOH』にとって重要なのは、ソニーの賢明な投資や新しい形態の独占資本での長期的持続可能性というより、同作品の全体での韓国の役割である。日本やアメリカは、独占資本の新しい形態でも、世界を経済勢力圏へと再分割することでも成功することが期待されている。しかし韓国を代表するNAVERは、『ＧＯＨ』の「共同制作」で、ソニーやクランチロールと同じレベルに達したといえるだろうか。共同制作を協力関係と見なすのは適切ではない。市場では企業同士が、そして世界市場では国家同士が、独占を通して冷酷な競争を繰り広げていて、共同制作は、その競争での武器として理解したほうがいい。韓国の経済的成功の多くは、日本とアメリカの多国籍複合企業の生産系統のなかに自らを差し込み、相対的な利益のために双方を利用したことからきていると考えられる。

3　ウェブトゥーンと韓国の「優位性」

『ＧＯＨ』には、「プラットフォーム帝国主義」の競争でさらなる秘策がある。前述したように、ウェブトゥーンは日本のマンガ産業に対する潜在的な経済的優位性の場であり、今日の技術とメディア消費習慣のいずれにもより適している。しかしウェブトゥーンは、クランチロールと同様に、対価を支払われないファン労働軍と、数少ない上級集団には対価が支払われるかもしれないというキャリアの誘惑に依存していて、どちらの集団も過酷な労働条件下に置かれている。

Netflixでも韓国のウェブトゥーン原作のドラマ『地獄が呼んでいる』（二〇二一年）が配信されたが、本章で注目したいのは、同社の内部基準で九億ドルの価値をもたらしたとされる二〇二一年をアメリカの大ヒット作の韓国ドラマ『イカゲーム』である。CNBCによると、『イカゲーム』をアメリカで作る場合、組合指定のより高い賃金やより短い労働時間、政府による産業奨励策、知的財産権、そしてハリウッド俳優への賃金のために五倍から十倍のコストがかかるだろうと見積もられている。[8]『イカゲーム』の一話分の制作費である二百四十万ドルは、Netflixの『ザ・クラウン』(二〇一六年―。一話あたり一千万ドル)の四分の一であり、ディズニー・プラスの『ワンダビジョン』(二〇二一年。一話あたり二千五百万ドル)の十分の一である。韓国発のテレビ番組がもたらすこの極端な利益マージンは、Netflixにとって魅力的なだけでない。Netflixは、自社と韓国の制作者との間に厳格な力の格差を保っているのだ。『イカゲーム』の制作者であるファン・ドンヒョクがインタビュー[9]で示しているように、彼には作品の成功に基づいたボーナスや再交渉を抜きにした独自の契約を通じて賃金が支払われている。

『地獄が呼んでいる』も、同様に一話あたり二百万ドルから三百万ドルで作られ、原作ウェブトゥーン作者のチェ・ギュソクは、その利益に対する報酬があったとしても、ごくわずかを得るにすぎない。同作の脚色から彼は年収(平均四万一千ドル)の「三、四倍」を稼いだが、それは「次の仕事をすぐさま始めなくていいくらいの自由」を彼に与えたにすぎない。[10]ウェブトゥーン作者にとって、労働時間が「平均して一日十時間半、週六日」であることを考えると、搾取工場のような状況ではない金額だが、これで一千万ドルから一億ドルを稼いでいるNetflixにとっては全くの安上がりである。しかも安定した給料という条件は、百三十万人を超えるウェブトゥーン作者のなかで、

「パートナー」として指名されるわずか三千人の作者だけが手に入れることができる最終目標である。

韓国で市場の六五％をもつNAVERウェブトゥーンには、ウェブトゥーンの閲覧を自由に競わせ、そのうちのごく一部が「正式連載」に選ばれる競争のシステムがある。月二千ドルから始まる給料以外に、ウェブトゥーン作者はNAVERのプラットフォームで独自の宣伝やウェブ広告を促進するチャンスを与えられているが、それによってNAVERは自らの利益を得る。[11] そしてその背後には、NAVERが依存するファンの翻訳労働軍がいて、彼らには対価が与えられない。[12] このビジネスモデルは大きな成功を収めていて、年間八％まで市場が拡大し、二〇二二年までには十三億四千万ドルに達することが見込まれている。この出版手法は、オンライン・コンテンツが絶えず生み出される世界に非常に適していて、その世界では、「数百の数にとどまるテレビ番組や映画とは対照的に」[13]、一九年だけで二千七百六十七の新作ウェブトゥーンが作られているのである。

4　結論

NAVERウェブトゥーンがクランチロールに対等に関与できるのは、結局のところ無給・薄給の労働軍と、付加価値が低い作業をファンに外注する内部体制とをもっているためにほかならない。

NAVERウェブトゥーンは、このビジネスモデルを国家規模の開発に合わせて最大限利用する方法を日本から学び[14]、デジタル経済の初期トレンドとプラットフォーム独占資本主義をうまく利用できたことで、間違いなく日本を様々な分野で追い抜いた。韓国らしさの顕示で最も野心的でありながら、労働のグローバルな分配の縮図が内在している『GOH』は、しかし、プラットフォーム独占資本主義の巨大企業に立ち向かうことの困難と、その大規模な闘いでおいしい位置を占めることがいかに困難かをあらわにした。文化商品としての韓国らしさというフェティシズムの背後には、クランチロールのファン労働、日本のアニメーション制作、韓国のウェブトゥーン、そしてタイやベトナムの下請け業者といった、世界全体を横断する共同制作の厳しい労働条件の現実があったのだ。

注

(1) Crunchyroll, *The Making of THE GOD OF HIGH SCHOOL | Inside MAPPA*, 2020, July 21, "YouTube" (https://www.youtube.com/watch?v=rHgxoRz_qC0) [二〇二二年十二月十八日アクセス]

(2) Amanda Latimer, "Super-Exploitation, the Race to the Bottom, and the Missing International," in Immanuel Ness and Zak Cope eds., *The Palgrave Encyclopedia of Imperialism and Anti-Imperialism*, Palgrave Macmillan Cham, 2016, p. 2556.

(3) Hye-Kyung Lee, "Cultural Consumer and Copyright: A Case Study of Anime Fansubbing," *Creative*

Industries Journal, 3:3, 2011, pp. 245-246.

（4）Jacqueline Ristola, "From Piracy to Legitimacy: The Rise of Crunchyroll and the Exploitation of Digital Labour," Unpublished Manuscript, 2016, p. 16.（https://www.academia.edu/22865763/From_Piracy_to_Legitimacy_The_Rise_of_Crunchyroll_and_the_Exploitation_of_Digital_Labour）［二〇二一年十二月十八日アクセス］

（5）Ibid., p. 10.

（6）Ibid., p. 17.

（7）Ibid., p. 9.

（8）Alex Sherman, "'Squid Game' Success Shines a Light on How Cheap It Is to Make TV Shows Outside the U.S. CNBC," October 16, 2021.（https://www.cnbc.com/2021/10/16/netflixs-squid-game-success-shines-light-on-international-discounts.html）［二〇二一年十二月十八日アクセス］

（9）Stuart Jeffries, "Squid Game's Creator: 'I'm not that rich. It's not like Netflix paid me a bonus,'" The Guardian, October 26, 2021.（https://www.theguardian.com/tv-and-radio/2021/oct/26/squid-games-creator-rich-netflix-bonus-hwang-dong-hyuk）［二〇二一年十二月十八日アクセス］

（10）Joyce Lee, "S.Korea "Webtoon" Firms Leverage Low-Cost Stories with Potential Huge Upside," Reuters, December 8, 2021.（https://www.reuters.com/business/media-telecom/skorea-webtoon-firms-leverage-low-cost-stories-with-potential-huge-upside-2021-12-08/）［二〇二一年十二月十八日アクセス］

（11）Brian Yecies and Aegyung Shim, *South Korea's Webtooniverse and the Digital Comic Revolution,*

Rowman & Littlefield Publishers, 2021, p. 92.
(12) Brian Yecies, Aegyung Shim and Jack Yang, "Chinese Transcreators, Webtoons and the Korean Digital Wave," in Adrian Athique and Emma Baulch eds., *Digital Transactions in Asia: Economic, Informational, and Social Exchanges*, Routledge, 2019, p. 224.
(13) David D. Lee, "The Unreal World of Korean Webtoons," Vice, March 24, 2021. (https://www.vice.com/en/article/m7a833/korean-webtoons-popular-kdrama)［二〇二一年十二月十八日アクセス］
(14) Robert Castley, *Korea's Economic Miracle: The Crucial Role of Japan*, Palgrave Macmillan, 1997.

［訳者謝辞］翻訳に際して助言をくださったファン・ギョンミンさんに感謝を申し上げます。

第2部

多様な身体に作用する声と映像

イントロダクション

石田美紀

第2部は六章からなる。これらの章が対象とする時代、地域、ジャンルはいずれも異なるものの、アニメ・アニメーションで描かれる「身体」、そしてそれらを楽しむオーディエンスの「身体」に注目している点で共通する。

第1章「「トムとジェリー」の声とセリフ」(楊思帆)は、アメリカのアニメーションがその黎明期から継続して登場させている動物キャラクターのセリフと鳴き声に注目し、擬人化のグラデーションを分析する。音声表現から動物と人間の差異を考察することで、視覚表現に意味を与える音声の機能が明らかになっていく。

第2章「『鬼滅の刃』の音」(顔暁暉)は、『鬼滅の刃』(二〇一九年)第二十四話でオーディエンスが聞く音を物語世界内の音と物語世界外の音に分類しながら、テレビアニメが音声を駆使して語りを進めるジャンルであることを指摘する。とはいえ、顔の分析が興味深いのは、物語世界内と物語世界外の違いが判然としない領域が少なからず存在することを明らかにしている点であり、オーディエンスにとって音声とは何かと問いかける点である。

第3章「音声から再考するロトスコープとライブアクション・レファレンス」(萩原由加里)は、

一九一〇年代からアメリカのフライシャー兄弟が使用したロトスコープ、そしてフライシャーのライバルだったディズニーが用いたライブアクション・レファレンスの目的を、音楽との同期から再検討する。萩原の議論は高畑勲監督の『おもひでぽろぽろ』（一九九一年）へと接続され、高畑が日本のアニメ制作で音響と視覚の関係を再構築しようと試みた事実とともに、写真的なリアリズムと音声との新たな関係を提出している。

第4章「「耳で感じる」快楽――「カセットJUNE」における身体性と官能をめぐる一考察」（程斯）は、一九八八年から発売された、人気男性声優が演じる音声ドラマ「カセットJUNE」の音響演出と、その原作小説での聴覚描写を比較対照し、女性聴取者による男性声優の声の聴取経験を考察する。アニメと声優を共有するがゆえに、アニメと深く関係する音声領域の分析は、声優のファンダムを支えるオーディエンスのあり方を探ることにもなっている。

第5章「『風と木の詩』とエロティックな静止――アニメとクィアな身体」（エドモン・エルネスト・ディ・アルバン）も、アニメとその隣接領域の表現に注目する。ＯＶＡ『風と木の詩』は竹宮惠子による同名マンガの翻案だが、この作品が運動を伴うアニメでありながら、原作以上に静止の表現を大胆におこなっていることを指摘し、少年同士の性愛というクィアな主題にアニメがどのように取り組んだのかを明らかにしていく。マンガとアニメの媒体的差異に対して再度注意を向ける論考になっている。

第6章「持永只仁の家族アーカイブから読み解く協力者としての子ども観客」（ジェーソン・コー

ディ・ダグラス）は、持永が子どもとともに創作し、子ども観客のための作品を制作していたことを、作家の家族アーカイブの調査から丹念に説き起こす。加えて、子どものメディアとして発達したアニメーションが現在は、表現でも研究でも、子どもを置き去りにしていることの弊害も指摘していて、アニメーション研究が学術界にその立場を確立するために犠牲にしてきたものについて、いま一度考えさせる論文である。

以上、各章は、私たちがアニメ・アニメーションと取り結んできた多様な関係にあらためて目を向けさせ、オーディエンスとしての身体がアニメ・アニメーションによってどのように構築されているのかを考えさせる。と同時に、それぞれが選んだ対象と分析方法は、アニメ・アニメーション研究にはまだ手つかずの主題や領域が広がっていることを示している。各章が提出した諸議論が、筆者自らによって、また読者によって、今後さらに深められることを期待する。

第1章

「トムとジェリー」の声とセリフ

楊思帆

アメリカの短篇アニメーション映画シリーズ「トムとジェリー」は、シリーズの第一作として知られる『上には上がある（Puss Gets the Boot）』（監督：ウィリアム・ハンナ／ジョセフ・バーベラ／ルドルフ・アイシング、一九四〇年）の公開から、劇場公開された最後の『夢よもう一度（Purr-Chance to Dream）』（監督：ベン・ウォシャム／チャック・ジョーンズ、一九六七年）に至るまで、様々な方法で動物キャラクターに声を与えてきた。ネコのトム、ネズミのジェリー、イヌのスパイクという三人の動物キャラクターの擬人化では、セリフを話す場合もあれば、全く声を出さない場合もある。

あるいは、キャラクターに声を与えるとしても、発話内容の明示は声ではなく、文字を画面に書き込む場合もある。本章では、『上には上がある』、『命の恩人(The Bodyguard)』(監督:ウィリアム・ハンナ/ジョセフ・バーベラ、一九四四年)、『ジェリーの親友(Much Ado About Mouse)』(監督:チャック・ジョーンズ、一九六四年)を中心に、「トムとジェリー」短篇映画シリーズで、「声」の使い方が作品によって異なる点に注目し、それぞれの声の機能について考察する。本章の目的は、「トムとジェリー」で、本来人間の言葉をもたない動物たちにセリフあるいは声を与える意味と、作品ごとに異なる声の機能を明らかにすることである。

1 「トムとジェリー」における動物たちの「声」

「トムとジェリー」でスコット・ブラッドリーが作品ごとに作曲した音楽は高く評価され、研究もされてきた。例えば、上水樽力はブラッドリーが「トムとジェリー」をはじめとするアニメーション音楽で採用した技法を考察している。[1]また、細馬宏通は、キャラクターや場面に、ある一定のメロディーや和声を割り当てて感情を表現する方法があることを指摘している。[2]こうした音楽への高い注目とは対照的に、キャラクターの「声」への関心は比較的低く、単なる鳴き声とセリフを話す声との差異もしばしば見落とされてきた。そのため、本章では先行研究にみられるキャラクターの声への無関心を補っていきたい。

「トムとジェリー」は一九四〇年代には映画館で上映されていた。しかし、日本と筆者の出身地である中国では、テレビ放送の吹き替え版で見た人のほうが多い。映画館と家庭では、同じ作品でも視聴経験が異なる。まず、生活音に満ちた家にいる視聴者にテレビの画面を注視させることは難しい。加えて、テレビ画面のサイズは、映画館のスクリーンとは比べられないほどに小さい。日本でテレビ放送が始まった五〇年代、テレビ受像機の小さい画面では字幕が見づらいと視聴者から不満が出たため、日本語吹き替えが選ばれた。(3)「トムとジェリー」も日本語吹き替え版が流通している。筆者が確認できる範囲ではあるが、日本語の吹き替え版では、オリジナル版のセリフの有無にかかわらず、キャラクターの口の動きと声を同期させて、セリフを追加していることが珍しくない（日本語吹き替え版の『ジェリーの親友』）。そのためアメリカで発売されたＤＶＤやインターネットでオリジナル版を視聴しないかぎりは、キャラクターの声やセリフに差異があること、つまりは日本の音声の現地化に気づくことも難しいだろう。

ワーナー・ホーム・ビデオが二〇〇九年に発売したＤＶＤ『Tom and Jerry-Complete Collector's Edition』を確認すると、大多数の作品でトムとジェリーに叫び声や笑い声をつけたり、動きに合わせて音楽を流したりする表現がみられるが、実は彼らが堂々とセリフを口に出す場合が少ないこと、あるいは短い言葉をたまにしか発話していないことに気づく。さらに、その声も毎回同じ声優によって演じられているとはかぎらない。一方、シリーズの途中から登場したイヌのスパイクはトムとジェリーとは違って、いつもセリフがある。このように、「トムとジェリー」の声とセリフの表現は、時代や媒体、さらには吹き替えの有無で異なる。そのため、本章では短篇映画時代の「トムとジェリー」に限定して議論する。なぜなら、当時このシリーズの声の演出の方針はまだ定まっていないからである。作品ごとに変化する声の演出を検討することで、本来人間の言葉をもたない動物たちにセリフあるいは何らかの声を与えることにどのような意味や機能があるのかを、より具体的に分析できると考えてのことである。

2 キャラクターにおける声とキャラクター間の力関係

本章で主に扱う「トムとジェリー」の作品には以下の共通点がある。まず、人間キャラクターと擬人化された動物キャラクターの両方が登場していること、さらにそれぞれのキャラクターの間に力関係というヒエラルキーがはっきりと見受けられることである。

『上には上がある』は、一九四〇年にアメリカで公開された短篇アニメーション映画であり、「トムとジェリー」シリーズの第一作と見なされている作品である。ジョセフ・バーベラの自伝(4)によれば、『上には上がある』をアメリカで公開した当時、"Tom and Jerry" としては企画されておらず、ネコは「ジャスパー (Jasper)」と呼ばれ、ネズミにはまだ名前がなかった。ネコの「ジャスパー」

（以下、その後定着する彼の名前であるトムとする）、名前のない「ネズミ」（以下、ジェリーとする）、家政婦の「マミー」が登場する。そして、これらのキャラクターの間には、はっきりと表現された体形の差と、力関係もしくはヒエラルキーが存在する。作品の前半は、トムとジェリーの力関係はまだ一方通行の食物連鎖にみえ、トムは逃げようとするジェリーの尻尾を押さえたり、わざと偽の穴を描いてジェリーが困惑する様子を笑ったりしているが、途中で登場するマミーによって、互いの衝突に制約が加わる。そして作品の最後では、悠然たる顔をしていたトムがマミーとジェリーの両方の手中に落ち、家から追い出され、ジェリーの勝利となる。『上には上がある』で動物キャラクターたちは、動きによるパフォーマンスしか与えられていない。そして四足歩行するトムはマミーという人間キャラクターにおびえ、ペットという立場の動物として支配されていることが、物語構成上の重要な因果関係として強調されている。

一方、『命の恩人』には、ネコのトムとネズミのジェリーのほかに、動物キャラクター、イヌの「スパイク」が新たに加わる。トムに追われている最中のジェリーは、助けを求めるスパイクの声を聞きつけ、急いでスパイクを野犬狩りのトラックから救出する。その恩返しとして、ジェリーはトムに食べられるという命の危機を感じるたびにすかさず口笛を吹く。するとそれを聞いたスパイクが飛んできてトムを懲らしめるようになる。しかし、トムがジェリーにガムを食べさせて口笛を吹けなくしたり、スパイクが再び野犬狩りの車に捕まえられたりしたことで、結局、トムが味方を失ったジェリーに対して勝利する。「トムとジェリー」シリーズのスパイクの登場は『命の恩人』

が初めてではないが、この一作から、イヌのキャラクターとしての機能が大きく変わっている。彼は人間キャラクターであるマミーからトムを制御する力を受け継ぎ、その力を以前よりも明白に行使する。さらに付け加えると、『命の恩人』は、「トムとジェリー」のなかで、初めてトムが終始二足直立歩行する作品であると同時に、初めてイヌのスパイクが堂々と人間のように言葉を話す作品でもある。

次に、その二十年後にチャック・ジョーンズが演出を担当した作品を検討しよう。例えば『ジェリーの親友』では、物語の構成は『命の恩人』のリメークであるとはいえ、動物キャラクターの描き方はかなり変わった。結果、この作品は、動物は人間キャラクターに完全に支配されているという観点に立脚している。それに伴って、声の使い方にも変化がみられ、動物キャラクターのセリフは再びなくなり、視覚的表現を強調して動物キャラクターを演出する傾向がみられる。これら三作品で、声がどのように使用されているのかを次節で具体的に検討する。

3　トムとジェリーの「無口」とスパイクの「大声」

まずは、動物に全く発声させない『上には上がある』から考える。この作品で唯一、声をもっているキャラクターは家政婦のマミーである。マミーがトムを叱るシーンを見てみよう。彼女がしゃべるとき、観客が見るのはその口や顔ではない。観客は声だけを聞くのである。それに対して、言葉を発しないトムとジェリーのマミーの怒鳴り声に対する反応は、動きと表情が強調されて観客に提示される。この場面でのキャラクターのセリフの有無は、人間キャラクターと動物キャラクターの上下関係を提示する一つの手がかりとして見なされる。すなわち、「言葉を出せること」はまず、支配される動物（ここではトム）の立場を際立たせるための装置として機能している。

また、スパイクは『共同作戦（Dog Trouble）』（監督：ウィリアム・ハンナ／ジョセフ・バーベラ／マイケル・ラー、一九四二年）で初めて登場するとき、凶暴に「ワンワン」と吠えるイヌでしかない。走るスパイクの動きに同期する声は、現実のイヌが吠える声を録音したのか、あるいはその声の物まねであるかのように聞こえる。この場合、声は画面上の絵でしかないその動物がどのような種の動物なのかを、つまり、スパイクがイヌであることを観客に簡潔に印象づけている。

とはいえ、動物たちに全くセリフがないというわけではなかった。一九四二年の『お化け騒動（Friday Cat）』（監督：ウィリアム・ハンナ／ジョセフ・バーベラ／ルドルフ・アイジング）でトムが初めて片言のセリフを口に出す場面や、四三年『淋しがりや（The Lonesome Mouse）』（監督：ウィリアム・ハンナ／ジョセフ・バーベラ）でジェリーとトムが小声で対話する場面など、夜中あるいは人間キャラクターがいないときに、動物キャラクターにセリフによる発話をさせる実験的な場面がいくつか存在する。ただし、『命の恩人』には、動物キャラクターの口の動きに合わせて堂々とセリフを同期させるシーンがある。トムに追われている最中のジェリーは、助けを求めるスパイクの声を聞きつけ、速やかにスパイクを野犬狩りのトラックから救出する。スパイクはジェリーに感謝して「Thanks, chum! Boy, I'm your pal for life. Anytime you ever needs me, just whistle like this.（ありがとう、友よ。いや、これからは一生君の友だ。俺が必要なときがきたらいつでも、口笛を吹いてよ。こんなふうにな。）」とジェリーのボディーガードになることを約束する。そして、トムがようやくジェリーを手に入れたとき、スパイクに見つからないようにゴミ箱の陰に身を隠して、心の声を漏らすような場面もある。このように、『命の恩人』での動物キャラクターによるセリフの発話は、ジェリーの味方になるというスパイクの意思や、トムがジェリーを手に入れたときのうれしさを明示している。さらに、堂々としゃべれないトムとジェリーに対して、スパイクが堂々としゃべることは、このイヌがトムとジェリーにはない大きな力の持ち主であることを暗示するのである。

4　再び「無口」に

『命の恩人』のスパイクがジェリーに恩返しを約束するシーンは、ジョーンズの時代に『ジェリーの親友』でリメークされた。そのとき、ブルドッグ(5)のぺちゃくちゃとしゃべるような声が聞こえるにもかかわらず、セリフのかわりに擬音語が入った三枚のイラストを画面に連続して提示することで、スパイクの意思が表される。この場面で、ブルドッグが発する声は、『共同作戦』でのイヌ特有の吠え声でも、イヌとしての種的アイデンティティを強化する声でもない。また、『命の恩人』にみられるような発話内容の明示にもなっていない。このときブルドッグがジェリーに話しかける声は、慣習的なオノマトペでの表記が難しい音で演出されていて、その口の動きに合わせてブルドッグが何かを「しゃべっている」ことを観客に示しているだけである。そのかわりに、ジェリーの眼差しの先に置かれた漫画的吹き出しに描かれたイラスト三枚が、『命の恩人』でスパイクが口に出した「Thanks, chum! Boy, I'm your pal for life. Anytime you ever needs me, just whistle like this.」のセリフと同様に発話内容を明示する役割を担っている。動物キャラクターに与えられていた人間の言葉は再び排除され、そのかわりに視覚的表現による言葉の提示が活用された。それは、これまでの「トムとジェリー」が実践してきた、物語内の動物キャラクターの位置づけを区別する手段としての声の使用が否定されたことを示唆している。

なぜ「トムとジェリー」の短篇映画群だけが、声とセリフの使用と機能をこれほど頻繁に変えたのか。その問題を制作背景から考えよう。ここまで論じてきた三作品に関しては、理由は少なくとも三点あると考えられる。

一つ目の理由は、シリーズ作品の新鮮さと目新しさを維持するための工夫である。二十世紀半ばまでのアメリカのアニメーション映画産業界には、アニメーションは実写と異なるべき、実写ができないことだけをやるべきだ(6)という暗黙の共通見解があった。そのため、実写の人物にそっくりなアニメーション・キャラクターの需要は少なく、あえてそれを実践する必要もなかったと考えられる。アニメーションに登場した多くの擬人化動物キャラクターはその証しである。彼らはまさに当時の観客が映画というメディウムに求めた新奇性とアニメーションの独自性に合致していた。さらに、「トムとジェリー」が長年にわたって継続されるなかで、観客の興味を途切れさせないためには、定着したパターンの繰り返しよりも、何らかの変化が求められたことが考えられる。ネコとネズミの争いに新たなキャラクターを投入したり、セリフをつけたり、またなくしたりするのは、常に観客に面白さや新鮮さを提供するためである。

二つ目の理由は、制作チームの変更に伴う制作スタイルの変化である。「トムとジェリー」の制作チームの総入れ替えは三回おこなわれている。そのために、声の表現はなかなか定着しなかった。動物キャラクターたちのデザインや、人物関係の設定にも大きな変更がみられる。例えば、先に論じた『ジェリーの親友』は、一九六三年に「トムとジェリー」新作制作を引き受けたチャック・ジョーンズが監督した。ジョーンズは、すでにバッグス・バニーやダフィー・ダックなど数々の人気キャラクターを作り出しながら、独自のセル・アニメーションの表現手法を創出したアニメーション作家の一人として有名である。レナード・マルティンの指摘によると、ジョーンズが率いた新しいチームは、五八年以前のハンナ・バーベラ期の「トムとジェリー」の維持には興味をもたず、トムとジェリーだけを用いて新たな物語を作り上げようとした。(7)そのため、旧作をリメークする際にも、音声を排除し、文字による視覚的提示を採用した。つまり、これらの表現は、ジョーンズの個人的な創作スタイルによって動機づけられたものだと考えられる。

三つ目の理由としては、アニメーション映画の需要減少がある。テレビが普及すると、新鮮さや目新しさを維持する装置としての短篇アニメーション映画の需要は大幅に減少した。結果、制作費は削減され、静止画の積極的使用、つまりリミテッド・アニメーションが推進された。映画『ジェリーの親友』が公開された一九六〇年代はすでに、ハリウッドの短篇アニメーション映画は黄金期を終えたといわれている時期であり、ほとんどの映画会社が資金不足のためにアニメーション部門を閉鎖し、多くのアニメーターがテレビ・アニメーションの制作に転向している。「トムとジェリー」の元プロデューサー兼監督だったウィリアム・ハンナとジョセフ・バーベラもその流れに乗ってMGMを退社し、自らテレビ向けアニメーションを制作する会社を立ち上げた。五七年にはカートゥーン部門を閉鎖したMGMだが、トムとジェリーがハリウッドのカートゥーン・スターとしてまだ人気だったことから[8]、今度はバッグス・バニーやダフィー・ダックを主人公にしたアニメーション短篇シリーズで名高かったジョーンズに「トムとジェリー」の新作を依頼したのである。ジョーンズは漫画的な手法を取り入れ、「FWEEP FWEEP FWEEP」「BOK!」という文字を入れたイラストを使っている。それは、短篇アニメーション映画の需要が低下するなかでの制作費の節約手段であり、同時に野心的な制作者による「視覚メディア」としてのアニメーションのあり方の追求であり、さらにはリミテッド・アニメーションを活用するテレビアニメーションとの衝突の結果でもあった。

おわりに

本章では、短篇アニメーション映画「トムとジェリー」シリーズにみられる声とセリフの使用と機能を議論してきた。声とセリフの使い分けによって、各動物の特徴と動物キャラクター同士の争いが、そして人間キャラクターとの力関係が顕在化した。ときには、一部のキャラクターに人間の言葉を堂々と話させながら、ほかのキャラクターについては動きだけを見せていた。この対比は、種が異なる動物キャラクター間にある上下関係を暗示する。それは、動物キャラクターの意思の有無をも示すことになった。また、あるキャラクターの声でほかのキャラクターの動きの意味が観客に説明されるときもあった。声とセリフの多様な実践には、「シリーズ作品の活気の維持」「制作チームの変更に伴う制作スタイルの変化」「短篇アニメーション映画の需要減少に起因しうる制作費削減」といった理由がある。それと同時に、「トムとジェリー」の声のパフォーマンスは、アメリカのアニメーション制作者が動物キャラクターの表現を模索していたこと、つまりは人間の生活環境のなかで棲息する動物たちの世界をアニメーションで理解しようとしていたことを、私たちに示している。

最後に、今後の課題を述べる。「トムとジェリー」にみられる声やセリフ表現の不安定さについては、声の役者・声優という職業から考えなければならないだろう。二十世紀前半のアメリカのアニメーション産業に声優が存在していたのかどうかを確かめなければならない。また「トムとジェリー」のような長年続くシリーズの場合、声によるパフォーマンスの一貫性を保つのが難しかったとも推測される。さらに、七分程度の短篇アニメーション映画では声で演じられる会話を充実させるよりも、アクションを誇張したほうが、観客を楽しませ、かつ実写映画の表現との違いを際立たせると考えられていた可能性もある。「トムとジェリー」の声とセリフの演出方法にはまだ探究されていない論点がある。これらは、動物キャラクターを考察する際の有意義なヒントになるだろう。

注

(1) 上水樽力「スコット・ブラッドリーの映像音楽における描写的技法」東京藝術大学大学院音楽研究科博士学位論文、二〇一九年

(2) 細馬宏通『ミッキーはなぜ口笛を吹くのか――アニメーションの表現史』(新潮選書)、新潮社、二〇一四年

(3) 石田美紀『アニメと声優のメディア史――なぜ女性が少年を演じるのか』青弓社、二〇二〇年

(4) Joseph Barbera, *My Life in 'Toons: From Flatbush to Bedrock in Under a Century*, Turner Publishing, 1994.

(5)『ジェリーの親友』に登場する黄色のイヌは、その役割から、ハンナ・バーベラ時代の「トムとジ

エリー」に登場するイヌの「スパイク」をジョーンズがデザインしなおしたものと考えられるが、その名前もスパイクかどうかは、オリジナル版では確認できない。このイヌは日本では「ブル公」「ブッチ」などと呼ばれているが、本章では「ブルドッグ」として表記する。

(6) Kristin Thompson, "Implications of the Cel Animation Technique," In Teresa de Lauretis and Stephen Heath eds., *The Cinematic Apparatus*, Palgrave Macmillan, 1980.

(7)「ジョーンズはトムとジェリーをデザインし直し、自らのスタイルに合わせた。ジェリーの目を大きくし(可愛さ強調のため)、トムの顔を構築し直した(欲求不満の表現のため)。ハンナとバーベラが打ち立てたチェイスと暴力のフォーマットを続けていくことには興味をもたず、むしろ、トムとジェリーをキャラクターとして活用し、ワーナー時代のジョーンズ作品を際立たせていた、表情とパーソナリティの繊細な表現を用いることに関心を抱いた」(レナード・マルティン『MGM』『マウス・アンド・マジック——アメリカアニメーション全史』下、権藤俊司監訳、出口丈人/清水知子/須川亜紀子/土居伸彰訳、楽工社、二〇一〇年、一六八—一六九ページ)

(8) マルティンはMGMがジョーンズに「トムとジェリー」の新作を依頼する直前に、旧作の十八本を組み合わせて公開した長篇アニメーション『The Tom and Jerry Festival of Fun』(一九六二年)に関して、「しかし、できがどれほどひどかろうが、これらの作品はMGMに対して、劇場用カートゥーンでまだ稼げるのだと言うこと、そして、トムとジェリーがいまだに一流の「スター」であることを証明した」(同書一六八ページ)と指摘している。

第2章
『鬼滅の刃』の音

顔暁暉［平野泉訳］

はじめに

キャラクターを中心に展開する日本のアニメ（さらにいえば実写ドラマも）は、会話によって語りを進める。それに加え、音楽と効果音、すなわち音響が叙述のために積極的に用いられる。会話とモノローグは叙述的情報を提供し物語を進め、音楽は求められる雰囲気と感情を強化する。そして効果音はフォーリーサウンド〔あらかじめ録音しておいた足音や小道具の音：訳者注〕や、背景で聞こえる環境音を使って下町のにぎわいや田舎《いなか》ののどかさを感じさせて、物語空間のために現実感を確立する。

これらの音はリズムや連続性、観客を物語に入り込ませるための心理的な手がかりを設定する際に、重要な役割を果たしている。アニメの音響設計は、動画枚数を切り詰めて物語を語る初期テレビシリーズ制作で育まれてきたといっても過言ではない。長年にわたって、アニメの音は音についてのある種の規範と性質を定着させ、物語の流れを導き、アニメ体験を形作る重要な部分を効果的に視聴者に届けてきた。本章は、アニメの音がどのように視聴者の想像を増幅させ、感情を操作するのかを考える。特に、アニメ特有の音響経験を盛り上げるために、音がどのようなモード（リズム、音量、継続時間）で使用され、切り離され、組み合わされ、ミックスされ、組み立てられているのかを論じたい。なお、音の隠喩的読解や文化史、声優による声の表現技法については本章では論じない。最初に物語世界内（diegetic）の音と物語世界外（non-diegetic）の音について整理し、次に『鬼滅の刃』（二〇一九年）（以下、『鬼滅』と略記）第一期第二十四話を詳細に分析する。兄と妹の絆を中心にした、ある意味で定番の物語を劇的に演出することで成功を収めたテレビシリーズのアニメ『鬼滅の刃』は、テレビシリーズという形式における音と視聴者の関係を考える際に、一つの基準になる作品である。そのなかでも、第二十四話を分析対象に選んだ理由は、第一期の終盤に位置する同話ではすでにこのシリーズの音響演出が形式化され、安定しているからである。また、

第二十四話にはこの作品の特徴である鬼との派手な戦闘はなく、突出した演出もないために、テレビアニメというジャンル一般での音響演出の性質を考えるうえで有効である。なお、本章文末に、アニメの音響使用をさらに考察するために必要な問いを記した。

1 物語世界内の音と物語世界外の音

物語世界内の音と物語世界外の音とは、映画をはじめとする視聴覚媒体が音をどのように用いているのかを分析するための基本的な概念である。物語世界内の音は物語空間の内部に存在する環境音や会話などのいわゆる「自然な」音である。これらの音はたいてい物語世界の「現実性」を証明していて、その空間に存在する登場人物の耳に聞こえている。物語世界外の音とは、観客のためだけにデザインされた音である。その最たる例はバック・グラウンド・ミュージック（BGM）である。物語世界の外にある効果音もこの分類に含まれる。これらの物語世界外の音は連動して文脈、質感、トーン、感情の雰囲気を作り出し、物語世界とその状態、登場人物を肉づけする。ただし、これらの音は物語内に存在する登場人物には聞こえていない。音響設計しだいで、物語世界内の音と物語世界外の音が分かち難く混交することや、同時に聞こえることもよくある。物語世界内の音と物語世界外の音の（音量、音色、トーンの特徴での）複雑さと強さの違いは、物語世界の知覚に直接に影響する。
映画をはじめとする視聴覚媒体での物語世界内の音と物語世界外の音の一般的な意図は、以下のように要約できる。

物語世界内の音が担う共通機能
・登場人物を通して直接的な叙述上の情報（会話、モノローグ）を提供すること。
・物語の時空間を具体化させる環境音を用いて、物語をより本当らしいものにすること。
・観客の意識をあるべき期待と把握すべき出来事に向かうよう調整すること。
・それに先立つ、または続くシーンとの対比を際立たせるテンポの確立に寄与すること。

物語世界外の音が担う共通機能
・一人称あるいは三人称のナレーションを通して、間接的にプロットの情報を与えること。それは本当らしいこともあれば、曖昧だったり、観客を欺こうとしたりする場合もある。
・様々な音楽のモチーフとその繰り返しのパターン（楽器、リズム、テンポ）によって、物語や状況、登場人物とその人となりを解釈したり、それらを関連づけたりするヒントを埋め込むこと。
・雰囲気を作り上げ、観客と特定のシーン・出来事・登場人物との感情的つながりを強化すること。
・視聴者の聴覚経験から物語への感情的な参加を強調し、誘導し、生起させること。

2　『鬼滅』の音の記述と分析

以下の記述は、Netflix シンガポール版の第二十四話「機能回復訓練」の日本語音声・英語字幕に基づく。

物語世界内の音

物語世界内の音の選択は、少年の成長物語という、この種のジャンルの通常の範囲に収まっている。ただ、一般的に予想されるよりも音量が大きく聞こえる箇所もある。その際に自然さは減じ、より意図的で行為遂行的なものになり、物語世界外の音に近づく。また、音量が一般的に予想される以上に抑えられている箇所もある。

①小さな音量で鳴る物語世界内の音

物語世界内の音のうち、以下の音は（おそらく最大音量に対して）比較的小さな音量で使用されている。マットレスの音（四分十九秒）、足音（五分二秒と六分五十秒）、扉の開く音（五分十二秒と六分十六秒）、寝具の音（六分二十六秒）、善逸の口から出る蒸気の音（八分二十二秒）が該当する。

②大きな音量で鳴る物語世界内の音——物語世界内と物語世界外の音の曖昧な組み合わせ

以下の二つの場合、物語世界内の音は一般的に予想されるよりも大きな音で表現されている。最初の例は、一杯の薬湯が炭治郎の顔にかけられるとき（七分二十八秒）である。ここでは、音の性質はおおよそ自然なものとして解釈されるが、音量は視聴者の想定よりも大きい。この種の音は、性質上は物語世界内に位置するものの、音量から物語世界外の音として解釈可能かもしれない。劇的な効果に加え、炭治郎にとって自分が訓練で倒されたことが予想外の衝撃だったという状況を視聴者が理解するのを助けるために、音量は大きくなったと考えられる。

次の例は、善逸と伊之助の戦闘場面（八分二十秒）である。ここでも音の性質は自然なものであると解釈されうるが、音量は誇張されている。結果、善逸よりも頑丈な伊之助からの攻撃が激しいものだという印象を視聴者に与え、劇的な効果を生み出している。

物語世界外の音

会話とモノローグを除いた物語世界内の音と比べると、物語世界外の音は『鬼滅』第二十四話ではより際立った役割を果たしている。最初の九分間に物語世界外の音が十ある。音楽を除くと、物語世界外の音の数と物語世界内の音の数はほぼ同じだが、物語世界外の音は全体的により劇的であり、先に言及した物語世界内の音よりも音量が大きい。ただし、音量が大きい物語世界内の音は、この分類とは区別される。

①シュッという効果音

大きな音量で「シュッ」と鳴る効果音が多様に使用されている。これらの音はあるカットから別のカットへ素早く移るときによく使われる。『鬼滅』では、登場人物が急に部屋に入ってくるときや、彼・彼女が突然動揺したり、不穏な慣れない状況に置かれたりしたときに使われる。また単にカメラが素早くパンするときにも使われる。これはカットの切り替えや人物の出現という変化に視聴者の注意を向けて印象づけたり、威圧感を加えたり、苦悩を強調したりといった効果を活発にするねらいがある。

このような音が聞こえる状況には特定の傾向があるが、常に当てはまるわけではない。まさに、この予測不可能性ゆえに、音が響くときには一種の興奮が生まれる。また、シュッという効果音は物語世界外にも物語世界内にも同時に存在することもありうる。善逸を看病する人物が画面に入ってくる場面（四分〇秒）では、シュッという効果音が鳴るが、音のほうが早く、そのあとに人物が続き、看病人の突然の来訪を示す。同時に、善逸は薬を飲まされるのを拒否しているため、この音は善逸が苦しんでいる印象も生み出す。

②ブレや震えから生じる音と、ブレや震えのために生じる音

ブレと震えに連動する音が二つ（九分二十二秒と十四分〇秒）ある。前節で記述した例に近いのだが、この音が震えから生じたものであればそれは物語世界内の音である。一方、ブレることで視聴者の状況理解をたやすくし、感情的盛り上がりをもたらす効果を意図して音が使われているのであれば、それは物語世界外のものになる。結果、音の性質が非現実的であるなら（その音量も大きくなるだろう）、それは物語世界外の音として認識されるだろう。しかし、作画のレベルで音の喜劇性が誇張されるときには、その違いは曖昧になる。ブレや震えから生じている音として理解するべきか、それともブレや震えを強調するために使われている音と解釈すべきなのかは明白でない。音を物語世界内から物語世界外に移行させること、また逆に物語世界外から物語世界内に移行させることは、意図的に実行されている。

③物語世界外の音楽

物語世界外の音楽もまた、『鬼滅』で際立っている。バイオリン、ファゴット、ドラムなど多様な楽器の音色はたびたび会話やモノローグと組み合わされて、劇的だったり、愉快だったり、活発だったり、あるいはロマンチックだったりという雰囲気を生み出す。第二十四話では、物語世界外の音楽は出来事を表面的になぞるために使われているわけではない。一般的に、戦闘や真剣な場面ではアクションの激しさや事態の重大さを強調する音楽が期待されるのだが、愉快な調子の音楽に置き換えられることさえある。それと対比をなすのは、第二十話「寄せ集めの家族」の過酷な戦闘での陰鬱な音楽の使用（四分五十九秒）である。こうした対比的な音楽の使用は、以下に挙げる視点から解釈できる。①楽曲はその場面に登場する人物すべてを包括するものではなく、ある一人の視点だけを反映する。②楽曲は主要人物が経験していることを、対照的な方法で反映し、その状況に対する批判や不条理さを強調するために用いられる。③楽曲は、物事の聴覚的推移を維持するために、個々の断片ではなく、より大きな編成の連続性に属している。

3　判然としない領域

物語世界内の音の音量を小さくするのか大きくするのかは、パフォーマンスでの特定の効果を促進するための創造的選択として機能する。音響制作で音源や音をどの程度忠実に扱うかは、物理世界や一連の映画的慣習に従うのかもしれない。しかし、特定の劇的効果を得るために、音量を強調したり、背景音として小さくしたり、あるいは前景で目立つように誇張したりすることは、高度に選択的な過程であり、視聴者が物語を把握する方法に影響する。例えば、すでに音量が予想外に大きい例として論じた、薬湯が炭治郎の顔にかけられる場面や善逸と伊之助の戦闘場面での音響が真剣さを欠くものだったとすれば、その場合、視聴者は炭治郎と善逸への身体的もしくは感情的ダメージはそれほどでもないと解釈しただろう。つまり、音量を上げることは、視聴者が状況を解釈する直接的な手がかりになる。

同様に、音がないシーンはどのように解釈されるのかを問うことが不可欠だろう。あるいは、場面で聞こえる音のその先を考えること、つまり、視聴者が期待する音や自然界に存在する音のなかで、どんな音が表現されていないのかを問うことも必要である。例えば、第二十四話を通して環境音や環境ノイズは比較的少ない。最初から最後までの間で、環境音が認識できるのは二カ所だけである。一つはエピソード冒頭、傷ついた炭治郎と伊之助が、胡蝶しのぶの屋敷で機能回復訓練に参加するときの鳥の音（五分三十四秒）である。もう一つは、炭治郎が瞑想のあとでしのぶと、鬼に同情する気持ちを共有することについて話すときである。会話の終わりごろに蟬の音が聞こえる（十六分二十秒）。鳥の音（朝）と蟬の音（夏の夜）の両方が物語の時間を具現化している。

予想されるように、このエピソードでの物語世界のサウンドスケープは、会話によって進行する。環境音の欠落は注目に値するのだが、筆者は環境音を積極的に探し始めるまで、その不在に気づいていなかった。環境音の機能をほかの音源（物語世界内のものであれ、物語世界外のものであれ）に巧みに置き換えていることがわかる。ここでは、物語世界外の音楽や効果音とともに生じる会話とモノローグが、最も優先されるのだ。モノローグの多用と重用はアニメでは珍しくない。『鬼滅』のシリーズを通して炭治郎がモノローグ（十分三十四秒―十一分五秒、十六分二十四秒―十七分十二秒）を語るとき、彼の体の動きは微細であり、静止していることも多く、アクション志向から離れる。抑揚を控えめにした低い声で伝えられるモノローグは、視聴者が登場人物の本音を理解するための手段になる。まるで、登場人物の誰も知らない内奥に視聴者が踏み込んでいるかのような錯覚さえ覚えさせる要素になる。

この考察結果から新たな疑問が生まれる。物語世界内と物語世界外の音を区別する方法が曖昧であるのなら、シーンはどのように分析され、解釈されるべきだろうかという問いである。調子がふざけたものでないとしたら？　視聴者が状況を理解するための情報や手がかりを見逃していたら？　音が不自然だったら？

また、物語世界外の音は物語世界外のイメージとともに使われるとき、コミカルさとばかばかしさを増加させる。善逸がしゃべっているとき（三分一秒）、物語世界に属さない水色の泡が彼の頭のまわりに浮かんでいるのは興味深い。この泡はシーンに登場するどの人物や物からも「自然に」は生まれてこないものである。しかし、善逸と話し相手の二人の人物はこれらの物語世界外の泡にも反応しているようであり、それどころかあたかも泡が現実に存在するかのように見せている。泡に付随して物語世界外の音も出現する。これはシーンに驚きと喜劇的な効果を与える。こうした表現は誇張され、さらに特定のシークエンスにリズミカルな連続性や統一性を作るのである。それを見逃すのは難しく、活発で強烈な雰囲気を伝える。喜劇的な要素は様式化され、断片化され、人物や状況を左右する重要な瞬間にではなく、より平坦な場面に位置づけられることが多い。

こうした状況は、キャラクターの「公式」的発展や筋の進行には寄与しない。むしろキャラクター設計を壊し、異なる側面を足し、キャラクターとその周囲に、こうあるかもしれないと想像される諸層や時系列を生み出す。サウンドスケープもそこに含まれている。これは、視聴者が、物語が課す目的の外で束の間の「自由時間」を過ごす登場人物に関心をもち、楽しめるようにとおこなわれている。『鬼滅』では、炭治郎と善逸、伊之助が鬼と戦わず、鬼に関連する調査もおこなっていないときがそうである。例えば、彼らが食事をしながら休息するシークエンスで言及され、訓練中の彼らが営む「社会生活」について語られる。またアニメのオープニングとエンディングの寸劇は、登場人物の気楽なスタイルが特徴的である。例えば、本編とは異なる衣装や演出、かわいらしく変形されたちびキャラなどが用いられる。これらの「自由時間」の尺は短く、断片化されていて、短時間で簡単に消費できる。「自由時間」は勢いがよく、陽気な雰囲気の音響を伴う点で、物語の本筋とは対照的である。「自由時間」の配置は意図的であり、よく練られていて、鬼を討伐して妹を救う方法を探すという真剣な物語から、訓練中の姿や、三人の小さな見習いたちのやりとりといった、気軽に面白がれるちょっとした部分を効果的に際立たせる。

4 結論

本章では、物語世界内の音と物語世界外の音という基礎的枠組みを用いて、音が物語の進行のためにどのように構築され、視聴者の想像力を増幅しているのかを再考した。『鬼滅』第二十四話では物語世界内の効果音には、背景から当然生じるだろうとされる環境音や、足音などの日常生活の音といったフォーリーサウンドなどがあるが、それらは音量が抑えられる傾向がある。そして物語世界外の音楽やシュッという音や泡の音などの効果音は、サウンドスケープの上位レベルに位置づけられている。継続時間の長短から考えると、最も長く時間を取る会話は最も目立つ要素ではある。しかし、シュッという効果音や衝撃音など多くの物語世界外の音は、非常に短く、一秒かそれ以下で音量はピークに達するので、視聴者により強い印象を与えるのだ。

『鬼滅の刃』第二十四話の音の強さと大きさは、物語世界内の音に物語世界外の音の要素を付け加えるために使われている。このことが意味するのは、物語の内と外の境界線がはっきりしていないということである。前述したように、泡は最初は物語世界外のものとして出現するが、登場人物たちには泡が見え、その音が聞こえているかのように反応するので、泡は物語世界内の特徴や機能を与えられた存在になる。

最後に、『鬼滅』の音響を分析する際に用いた問いかけを記す。これらの問いは、もちろんほかの作品の音響分析にも応用できるものである。

物語世界内の音について

1、音は自然のままのように聞こえるか？

2、音量が自然か、または音が強調されるか、小さくなっているか（自然世界で予想される大きさと比較して）？

3、そうであるとすれば、理由はどのようなものが考えられるだろうか？

4、もし音が消えていたり、大きくなっていたり、小さくなっていたり、あるいはほかの音が使われていたりしたら、シーンはどのように解釈され、把握される可能性があるだろうか？

5、物語世界内の音は絶えず使われているか？　もしくはある特定の音だけが使われているか？

6、物語世界内の音は特定の状況やシーンで使われているか？

7、音の種類で、一般的に使われているものと、一般的に使われていない（しかし予測は可能な）ものはあるか？

8、あるとしたら、どこで使われて、どこで使われていないのか？

9、その目的は何だろうか？

10、音が除かれた、または存在しない音が付け加えられていたとしたら、シーンはどのように解釈され、把握される可能性があるだろうか？

11、それらの音はシーンに沿っているか、コントラストをなしているか？

物語世界外の音について

1、我々はどのような種類の物語世界外の音を見つけたか？

2、我々はそれらを、音だけに基づくカテゴリーに分けることができるか?
3、我々はそれらを、音とシーンを組み合せたカテゴリーに分けることができるか?
4、それらに認知度はあるか? 繰り返し使われているか?
5、繰り返し使われているとしたら、それらは似ているシーンで常にあるいは頻繁に使われているか?
6、それらは同じ効果を得るために使われているか?
7、物語世界内の音や物語世界外の音楽と比較して、どれくらいの音の大きさなのか?
8、その瞬間にこれらの音がない場合、シーンはどのように解釈される可能性があるか?
9、その瞬間にほかの音が使われていた場合、シーンはどのように解釈される可能性があるか?

使用されている音楽について(1)

1、どのような種類の音楽が使われているのか?
2、どのような状況でこれらの種類の音楽が使われているのか?
3、それはシーンに沿っているのか、コントラストをなしているのか?
4、音楽がない、またはほかの種類の音楽が使われていた場合、シーンはどのように解釈され、把握される可能性があるだろうか?
5、表面上は音楽がシーンに沿っているが、深層ではシーンとは対照的になっている、あるいはその反対の状況はあるか？

6、物語世界内の音楽の使い方とその意義は、物語世界外の音楽とどのように異なるのか？

注

（1）Paul Taberham, "A General Aesthetics of American Animation Sound Design," *Animation: An Interdisciplinary Journal*, 13(2), 2018, pp. 31-147.

第3章
音声から再考するロトスコープとライブアクション・レファレンス

萩原由加里

はじめに

アニメーションを見ていると、まるで実写映像のようにキャラクターがリアルな動きをするシーンに遭遇することがある。ファンの間でも、ダンスの激しい全身の動き、もしくは楽器を演奏する際の指先の繊細な動きが作画でどのように再現されているかが話題になる。現実世界ではありえないような物語や動きを楽しむ一方で、あたかも実写映像を見ているようなリアルさに驚くことも、アニメーションを見る際の楽しみの一つである。

このようなリアルな動きは、アニメーターによる日頃からの観察と想像力から成り立っているが、ときとして実写の映像も作画の参考にされている。そのうちの一つが、ライブアクション・レファレンスという方法であり、それは一九一〇年代からアメリカのフライシャー兄弟が使用していたロトスコープに起源をもつ。

ロトスコープとライブアクション・レファレンスは混同されることが多いが、まずロトスコープはフライシャー兄弟が一九一七年に特許を取得している。一方のディズニーによるライブアクション・レファレンスが登場するのは、三〇年代に入ってからである。

アナログ、すなわち人間の手作業だけで作画をおこなっていた時代、ロトスコープやライブアクション・レファレンスは手間と費用がかかるため、導入するスタジオや作品は限られていた。しかし、デジタル化が進む二〇〇〇年代以降は日本のアニメでも、ロトスコープやライブアクション・レファレンスだけでなく、モーションキャプチャー技術をも導入する作品が増えている。従来、これらの手法と技術がもたらすリアルな効果については、実写映像に基づく視覚的側面だけが注目されてきたが、音楽やセリフといった音声面もまた無視できない。本章では、ロトスコープとライブアクション・レファレンスが単なる視覚効果だけでなく、音声とも深く関係していることを考察する。

1　ロトスコープ、そしてライブアクション・レファレンス

アニメーターが描くキャラクターの動きも、大きく二つの方向性がある。アニメーターが現実世界の物理法則などにとらわれず自由自在にキャラクターを動かす場合もあれば、逆に生身の人間や動物の動きを参考にしたリアルな動きを描写することもある。ディズニーのアニメーションでも、初期ではオズワルドやミッキーマウスの身体が伸び縮みし、関節の可動部にとらわれない作画がおこなわれていた。しかし、一九三〇年代から観察に基づいたリアルな動きの描写へと変化していく。美術学校で講師をしていたドン・グレアムらがディズニーのスタジオに招かれ、アニメーターたちに写生に加えて人物、動物や物体のあらゆる動きを、実写の映像も交えて分析する講義をおこなった。[1] 結果、『白雪姫』（監督：デイヴィッド・ハンド、一九三七年）では「細やかなデッサンとリアルな姿が、わずか二年前に制作された『春の女神』にくらべ絵が進歩したことが示されている」[2] と評され、キャラクター造形だけではなく、動作でもリアルさが向上している。その造形や動きのリアルさに貢献したのが、実写の映像を参考にするライブアクション・レファレンスと呼ばれる手法の導入である。

ロトスコープやライブアクション・レファレンスを用いた作品では、役者の演技を撮影し、それ

を参考にアニメーターは作画をし、さらに声優によるセリフも加わる。役者と声優が同一人物の場合もあれば、動き（役者）と声（声優）を別の人物が担当する場合もある。特に、後者の場合、生身の人間の演技を参考にしてアニメーターがキャラクターを作画し、そこに声優という別の生身の人間が声を吹き込んでいて、キャラクターは役者の身体の動きと声優の声という、複数の生身の人間の要素を組み合わせて生み出されることになる。

そもそも、ロトスコープやライブアクション・レファレンスについて考える際、それがアニメーションにおける音声とのシンクロが注目されていた時代、すなわちサイレントからトーキーへの移行期にあったことを考慮すべきだろう。アニメーションのトーキー化を語る際、ミッキーマウスの『蒸気船ウィリー』（監督：ウォルト・ディズニー、一九二八年）が最初のトーキー作品であるかのように思われがちだが、それ以前からフライシャー兄弟によってトーキー・アニメーションが試みられていた。

ロトスコープが誕生した経緯には、「分業による大量生産が志向されるなか、ロトスコープは未熟なアニメーターでもリアリティのある動画制作を可能にするものとして当初は考案された[3]」という事情があり、この技術を多用することには否定的な見方もある。しかしフライシャー兄弟がこの技術を導入したのには、単なる効率性だけではない、表現上の意図があった。それは「しかしフライシャーはむしろ、実写をなぞることでできあがる動きの奇妙さ（単純化を行なうアニメーションにそぐわないリアリティの創出）に注目し、その物珍しさを興行的な売りとすることとなった[4]」というものである。

この奇妙さは、単なるキャラクターの動きという視覚的な表現だけではなく、音楽と結び付くことでより効果が上がる。そのことは、キャラクターの動きと音楽との関連性に注目した細馬宏通も、ロトスコープを用いたフライシャーの*“Minnie the Moocher”*(監督:デイヴ・フライシャー/ウィラード・ボウスキー、一九三二年)を例にとり、指摘している。(5) この作品は、歌手のキャブ・キャロウエイが冒頭で、彼の楽団とともに出演する実写の映像から始まる。そして映像はアニメーションへ切り替わり、ベティ・ブープらおなじみのキャラクターが登場する。恋人とともに家出したベティは、夜の洞窟で様々な幽霊たちに遭遇するのだが、そのなかに前述の「動きの奇妙」な幽霊が登場する。セイウチの姿をした幽霊が歌いながら踊るが、それは冒頭のキャブ・キャロウェイの姿とリンクしている。キャブ・キャロウェイの歌声だけでなく、その踊りがロトスコープによってアニメーションのキャラクターに取り入れられているのである。

フライシャー兄弟は、単にキャラクターの動きを工夫するためだけにロトスコープを考案したのではない。音と動きのシンクロが前提としてあった。細馬も指摘しているが、フライシャー兄弟がロトスコープよりも前に考案した技術に、バウンシング・ボールがある。映像と音楽のシンクロを目的として、サイレントからトーキーへの移行期に、音楽をアニメーション化するために考案された技術であり、その延長線上に、ロトスコープという技術がある。まずもって音楽とアニメーションの動きのシンクロへの関心があり、キャラクターの動きをリアルにすることは副次的な効果だったのだ。
一方、ロトスコープと似たような方法を用いた技術としては、ディズニーが考案したライブアクション・レファレンスが挙げられる。こちらも、キャラクターの動きという視覚的な効果を重視して語られてきた。具体的に、ライブアクション・レファレンスにおける音声とキャラクターの動きの結び付きはどうなっているのか。
ライブアクション・レファレンスは、『白雪姫』から本格的に導入されている。役者は、白雪姫役をマージー・ベル（マージー・チャンピョン）が務め、彼女のダンスの動きなどをもとにして白雪姫の作画がおこなわれた。白雪姫の声優は歌手のアドリアナ・カセロッティが、王子はハリー・ストックウェルが担当している。[6]導入当初は、ディズニー内でもライブアクション・レファレンスをどのように生かせばいいのか模索していた。しかし「少女の無邪気さや女性らしさ、魅力、真実味」を演出することにつながり、満足した結果が得られたとして、『白雪姫』以降の作品でもディズニーではライブアクション・レファレンスを導入していく。[7]
ライブアクション・レファレンスではキャラクターの動きのもとになる役者と、キャラクターの声や歌を担当する声優は別々の人物が担当することがある。この場合、役者の身体の動きは音楽に合わせたものだったことに注目したい。『眠れる森の美女』（総監督：ケン・ピーターソン、一九五九年）でもライブアクション・レファレンスを導入している。テレビ番組 *“Disneyland”* で放送された『眠れる森の美女』のライブアクションの収録現場では、アニメーション映像と同じ挿入歌がB

GMとして流れていて、それに合わせて役者が演技をしている。役者自身が歌を歌っていなくとも、その身体の動きは音楽を意識したものになっていて、ライブアクション・レファレンスでの役者の演技は、音楽と無関係ではない。

日本でも戦前から、政岡憲三が自身が「リブアクション」と呼ぶライブアクション・レファレンスを導入していた。政岡は、「リブアクション」は若手アニメーターを養成する際に「動きを分析」する能力を開発する有効な手段だと強調している。[8]「リブアクション」の現場を撮影した写真では、衣装を着た役者と楽器を手にしたスタッフが映っていて、[9]ディズニー同様に、役者が演技をする際は挿入歌や挿入曲を演奏していたことが推察できる。

このように、従来はリアルなキャラクターの動きを表現するためとして語られがちだったロトスコープないしライブアクション・レファレンスは、その視覚的な表現だけでなく、音楽面とも結び付いて考案された結果、導入されたのである。

2　プレスコとライブアクション

現代日本のテレビアニメはアフレコが主流である。しかし、日本でも戦前から一部の作品で、声優の声を聞いて作画するプレスコ（プレスコアリング）を用いている。プレスコを用いた日本アニメとして挙げられるのが、高畑勲監督の『おもひでぽろぽろ』(一九九一年)である。しかし、本作の制作現場の様子をみていくと、プレスコだけでなく、ライブアクション・レファレンスも用いている。そして、声優の声を録音すると同時に、表情などの動きも録画されている点に注目したい。

主人公の二十七歳のタエ子は、自身が小学五年生だったころを思い出す。物語は過去と現在が行き来して進んでいく。二十七歳のタエ子の声優は今井美樹、タエ子が旅先の山形で出会う農家の青年トシオを柳葉敏郎が務めている。この二十七歳編では、「人間の芝居にリアリティと深みをもたせるため(10)」という目的から、全編プレスコを採用していて、その作業過程を以下のように説明している。

録音スタジオにはビデオカメラが持ち込まれ、セリフをしゃべる際の今井さん・稲葉さんの表情、仕草をすべて記録。そのビデオから動きのポイントを拾い出し、作画の参考にするという作業が行われました(11)。

映画のパンフレットには、プレスコの収録現場の写真が掲載されていて、声優の今井と柳葉がマイクを中央に挟んで、テーブルで向かい合って座っている。画面のなかで登場人物が相手の顔を見ながら話すのと同じように、声優もお互いの顔を見ながら会話のやりとりをしているので、表情やしぐさも相手を意識したものになる。それは、単にセリフを発するときの口の動きや演技に感情を込めた際のしぐさにとどまらず、相手と向かい合ってコミュニケーションすることで生まれる、相手の反応に応じた表情やしぐさも誘発する。声優は声によってキャラクターに関与するだけではなく、表情やしぐさも作画に反映されていて、ライブアクション・レファレンスの技法も導入されているのである。

また、ライブアクション・レファレンスが用いられたのは、声優らの演技にとどまらない。『ぽろぽろ』ではリアルな動きを表現するために、実際の動きをビデオで撮影してそれを分析するという作業がしばしば行われています」としてライブアクション・レファレンスの名称を挙げたうえで、表情やしぐさだけでなく、歩きや走り、投げる、階段を駆け降りる、車に乗るといった様々なアクションを、ときにはアニメーターが自ら実演して、ビデオカメラで撮影している。ただし、ジブリがおこなっていることとして強調しているのが、「実写で撮ったものを紙の上に引き写す」のではなく「動きに含まれる要素を取り出して再構成するというもの」(12)としている。

プレスコによって、声優二人の表情やしぐさとともに、全身の動きはアニメーター自身が演技をして作画の参考にしている。多くの登場人物のなかでも、タエ子とトシオの二人の動きは、声優たちとアニメーター、両者の動きを組み合わせて生み出されている。このように、声優は声を吹き込むだけでなく、プレスコを採用した際には、その表情やしぐさが作画の参考にされることがある。プレスコによるセリフの録音の際に、声優の動作もライブアクション・レファレンスとして取り入れた事例は『おもひでぽろぽろ』に限らない。ライブアクション・レファレンスを考案したディズニーでも、同様の試みがなされている。当初、ミッキーマウスの声優はウォルト・ディズニーが務めていて、彼はセリフや場面に感情移入して、声をあてる際に身ぶりや姿態の動きを交えていた。普段からその様子を見ていたアニメーターがウォルトに頼み込み、一度だけだがカメラを回して実写で撮影して、アニメーターたちが参考にしたというエピソードが伝わっている。[13]

では、この『おもひでぽろぽろ』で採用されたプレスコに対する評価は、どのようなものだったのだろうか。一九九〇年代までは、日本アニメでプレスコを採用すること自体が少なく、このように声優の表情やしぐさも作画の参考にする事例はまれだった。まず予算的あるいは制作スケジュール的な問題から導入できないという理由もあるだろうが、それだけではない表現上の問題も関係していたと考えられる。

アニメーション制作者側は、ライブアクション・レファレンスをどのように捉えているのか。若いころから宮崎駿と交流がある押井守は、表立っては批判しにくいスタジオジブリの作品に対してあえて親しい立場から語っているが、『おもひでぽろぽろ』でのプレスコと、声優の動きをライブアクション的に作画に反映させた試みに対して、次のような意見を述べている。

押井　そうだよ。キャラクターが頰の筋肉を動かして喋っている。それはとても手間隙かかっていて、実際に声優たちが声をあてている様子をビデオ録画して、それを参考にして作画させたんだよ。つまり、ここでも高畑さんは方法論の実験をしたかった。で、それは実験に終わっているだけで、作品のテーマや本質には何の関係もない。高畑さんは、頬の筋肉を描くことでヒロインの人格も表現したかったといっているようだけれど、それはアリバイにすぎないから。

(略)

――あの類の表現、もしよかったら誰かが継承しているはずだけど、その後のアニメで見たことがない。〔対談相手の映画ライター・渡辺マキの発言:引用者注〕

押井　それは当たり前です。あれだけ手間隙かけて何が面白かったのか、ということにしかなっていないから。(14)

手間暇をかけても、思ったほどの効果がない。押井の発言は、意図的に辛口を装っていることもあるが、その裏にはライブアクション・レファレンスやプレスコに対する日本アニメ業界の見方を反映している面もある。

アナログでアニメーションを制作していた一九九〇年代初頭までは、確かにライブアクション・レファレンスやプレスコは、苦労のわりに反響がないという見方が強かったかもしれない。しかし、アニメーションの制作現場がデジタル化され、ライブアクション・レファレンスやロトスコープ、そしてプレスコ的な技術が簡易に導入できるようになった二〇〇〇年代に入ると、状況は変わってくる。

3　デジタル化とモーションキャプチャー、プレスコ

ロトスコープやライブアクション・レファレンスは、アニメーションをアナログで制作していた時代から存在する手法だが、近年のデジタル化によって、一見、似たような仕組みをもつ技術が導入されつつある。それがモーションキャプチャーである。

ロトスコープやライブアクション・レファレンスは実写映像を参考にしながらも、アニメーターがアナログで作画していく一コマ撮りの手法によっているが、モーションキャプチャーは人間の動きを三次元の情報として測定し、データ化して記録していく。しかし、モーションキャプチャーのデータは、そのままアニメーションにするには情報量が多すぎる。そのため、アニメーターらはデータの一部を削るなどの取捨選択をして、逆にデータを用いないアニメーターによる作画のシーンを挿入しながら映像を作り上げていく。このように、モーションキャプチャーとアナログ作画の折衷的な様式が生まれている。またデジタル化によって、アニメーションは動きだけではなく、質感や色彩といった視覚表現でも、実写のようなリアルさが追求できるようになっている。このような状況を踏まえて押井は、デジタル技術によって『ジュラシック・パーク』（監督：スティーヴン・スピルバーグ、一九九三年）や『マトリックス』（監督：ラナ・ウォシャウスキー／リリー・ウォシャウス

キー、一九九九年）のような「アニメみたいな実写が次々登場してきた」[15]と述べている。さらに押井は、アニメーションのような演出を実写が取り入れて、アニメーションでもフォトリアリズムを追求する作品が増えたとして、アニメーションと実写の境界が曖昧になっていると指摘している。

二〇〇〇年代以降、日本のアニメーションでは、モーションキャプチャーが音楽や歌の描写で使用されている。とりわけ、アイドル・グループの活動をテーマとした作品に多く、作中にライブ・シーンが挿入され、メンバーたちの歌と踊りが盛り込まれている作品も少なくない。『フレッシュプリキュア！』（二〇〇九年）は、東映アニメーションが制作したテレビアニメである。本編はアニメーションだが、ＥＤはモーションキャプチャーを使用している。アニメーターによる作画と、役者の身体の動きを反映したモーションキャプチャーが、一つの作品のなかに混在するのが現在の状況なのである。とりわけ歌と踊りを交えたシーンで、モーションキャプチャーが積極的に導入されているが、これはかつて、ロトスコープやライブアクション・レファレンスが単なるリアルな動きを取り入れるだけではなく、音声と結び付いていたことへの原点回帰ともいえる。

さらにモーションキャプチャーの導入例は、音楽と踊りのようなシーンに限定されず、様々な描写に用いられている。劇場版アニメーションの『亜人』（監督：安藤裕章、二〇一五―一六年）では、アクションだけでなく、「日常芝居」のシーンでもモーションキャプチャーを導入している。[16]そして、この作品ではプレスコも採用していて、声優らの表情やしぐさが作画に反映されている。[17]手間がかかるだけと否定的にみられることもあったプレスコが積極的に採用されるようになった背景には、制作過程のデジタル化が関わっていることが示唆されている。デジタル化は単に新たな表現を生み出すだけではなく、かつての技術を見直すきっかけにもなっているのである。

おわりに

ロトスコープやライブアクション・レファレンスという二つの技術はアニメーションがサイレントからトーキーへと移行した時代に考案されたものであり、セリフや音楽といった音響とキャラクターの動きをどのように同期させるのかという関心から実践されてきた。しかし、トーキー化が進み、また現代日本のアニメのように、作画が終わったあとに声優がセリフを収録するアフレコが主流になると、ロトスコープやライブアクション・レファレンスがもつ音声面での効果は薄れ、視覚的表現だけが重視されるようになった。

デジタル技術が導入される以前のアニメーションの定義は比較的単純なもので、一コマ撮りという撮影技法を用いていた。しかし、デジタル化が進むにつれて、実写と区別がつかないようなリアルな3DCG（三次元コンピューターグラフィックス）アニメーションが登場している。さらにモーションキャプチャー技術が登場したことで、生身の人間のあらゆる動作を、表情やしぐさに至るまで、「そのまま」と思わせるくらいキャラクターの動きに変換することも可能である。アニメーターによる作画と、モーションキャプチャーという実写からの変換映像が、一つのアニメーション作品のなかに混在しているのが現在の日本アニメーションの状況である。しかし、一方で、モーションキャプチャーではできない、アニメーションならではの動きとは何なのかを考えることも求められる。新しい技術の導入は、アニメーションの表現を広げるだけではなく、そもそもアニメーションとは何なのか、その定義を含めて、我々に新たな問いを投げかけている。

注

(1) フランク・トーマス/オーリー・ジョンストン「発見 一九三四―一九三六年」『生命を吹き込む魔法』スタジオジブリ監訳、徳間書店スタジオジブリ事業本部、二〇〇二年、七五―九六ページ
(2) 同書一一八ページ
(3) 土居伸彰「ロトスコープ」(https://artscape.jp/artword/index.php/%E3%83%AD%E3%83%88%E3%82%B9%E3%82%B3%E3%83%BC%E3%83%97)〔二〇二一年九月十五日アクセス〕
(4) 同ウェブサイト
(5) 細馬宏道『ミッキーはなぜ口笛を吹くのか――アニメーションの表現史』(新潮選書)、新潮社、二〇一三年
(6) デイヴ・スミス『Disney A to Z――オフィシャル百科事典』ぴあ、二〇〇八年、四二〇ページ
(7) 前掲『生命を吹き込む魔法』一一七―一一八ページ

(8) 政岡憲三／瀬尾光世／荒井和五郎／熊木喜一郎／今村太平／野口久光／滋野辰彦「座談会 日本漫画映画の興隆」「映画評論」一九四三年五月号、新映画、一二―一九ページ

(9) 富沢洋子「政岡憲三制作年表」「Film1/24」第二十三号・第二十四号合併号、アニドウ、一九七八年、九ページ

(10)『おもひでぽろぽろ』パンフレット、東宝、一九九一年

(11) 同パンフレット

(12) 同パンフレット

(13) 前掲『生命を吹き込む魔法』八一―八二ページ

(14) 押井守『誰も語らなかったジブリを語ろう 増補版』東京ニュース通信社、二〇二一年、一六六―一六七ページ

(15) 押井守『すべての映画はアニメになる』徳間書店、二〇〇四年、三五〇―三五一ページ

(16)「「ブブキ・ブランキ×亜人」サンジゲン×ポリゴン・ピクチュアズ対談――3DCGアニメにおける「モーションキャプチャ」の可能性 前編」(https://www.animatetimes.com/news/details.php?id=1478851258)［二〇二一年十二月二十七日アクセス］

(17) 同ウェブサイト「後編」

第４章

「耳で感じる」快楽

――「カセットJUNE」における身体性と官能をめぐる一考察

程斯

1 少女の分身ではなくなる「少年」

「少年――それはその本質において、男たりえず、といって女たりえないものである」(1)

これは「COMiC JUN」創刊号に掲載された、中島梓による「少年派宣言――来たるべき美少年時代へのメッセージ」の一文である。のちに「JUNE《ジュネ》」と改名した同誌を拠点に商業的に展開し体

脚本家	出演声優	販売先
花枕桃次（三ツ矢雄二）	三ツ矢雄二、鈴置洋孝	全国書店＋通販
花枕桃次（三ツ矢雄二）	塩沢兼人、関俊彦	全国書店＋通販
花枕桃次（三ツ矢雄二）	松本保典、井上和彦	全国書店＋通販
花枕桃次（三ツ矢雄二）	速水奨、山口勝平	全国書店＋通販
花枕桃次（三ツ矢雄二）	柏倉つとむ、堀川亮	通販だけ

系化していく、美少年同士の性愛を語る「少年愛」というジャンルのマニフェストともいえるこの宣言文は、確かに「少年」という幻想的な存在の特質を、きわめて的確に表しているのだろう。実際、多くの研究者が、「少年」は確固たる男性の表象ではないからこそ、女性の言説空間を支える中核的な表象として機能しうると指摘してきた。例えば、石田美紀は「少年愛」マンガの重鎮作家である竹宮惠子について、現実の男性身体とかけ離れた肉の重みと厚みがない少年「身体」を構築することで、女性が作品に介入する余地をもたらしたと論じる。[2] このような議論はまさに中島が提示する「男たりえず、といって女たりえないもの」としての「少年」から、女性が主体のジェンダーとセクシュアリティ表現の可能性を見いだしているといえるだろう。

ところが、このような「少年」は、一九八〇年代末ごろに、ある種の生身性を帯びるようになる。なお、本章では社会的・文化的・メディア的要素によって立ち現れる身体的なものを指すために「身体」という表記を用いる。少年愛マンガ・小説の「少年」も、肉の重みと厚みこそないが、ある種の「身体」性がある。さらに、アニメ声優の声は、少年の「身体」性に肉感をもたらす。その肉感を強調するために、以降、声の介入に言及す

表1　「カセットJUNE」作品一覧

作品名	原作	発売日
「鼓ヶ淵」	三田菱子・小説	1988年11月
「間の楔」	吉原理恵子・小説	1989年5月
「そして春風にささやいて」	ごうとうしのぶ・小説	1989年12月
「舞え水仙花」	尾鮭あさみ・小説	1990年5月
「被虐の荒野」	神崎春子・小説	1992年1月

るときは、身体性ではなく、「生身性」を使用する。

それは、「カセットJUNE」の登場によってもたらされた変化である。

雑誌「JUNE」は一九八八年から連載小説をもとにしたカセットブックを発行し始め、CDが主流の媒体になった九三年までの間に合計五作のカセットブックをこの世に送り出した（表1）。表1からもわかるように、五作に出演し、原作の「少年」たちに声を提供したのはほとんど、当時のテレビアニメで大活躍し、ある種のスター化さえも成し遂げた、成人男性のアニメ声優たちだった。本章が論じる第一作「鼓ヶ淵」（一九八八年）では、人気声優の三ツ矢雄二と鈴置洋孝が主演している。

たとえカセットテープに録音されていても、特定のスター声優の声が聴き手にもたらす経験の中心に、当のスターと分離不可能の「身体」が存在することはすでに指摘されている。[3] もし、いままで議論されてきたとおり、「少年愛」と呼ばれる一群の作品が、肉感がある現実の男性身体を忌避し、それを感じさせない「少年」を絶えず創出してきたのだとすれば、視聴者にはっきりと男性であることが了解されている有名な男性声優を起用する「カセットJUNE」は、次の疑問を喚起させるだろう。生身の成人男性である声優と関わっている――関わってしまった「カセットJUNE」の「少年」たちは、もともと肉感がなかった「少年」表象が打開したとされる、女性によるジェンダーとセクシュアリティの表現の可能性を閉じてしまい、完全に「男性」身体との交渉という異性愛の対象になってしまっているのではないか。

結論を前もっていうと、本章では、たとえ成人男性のアニメ声優が介入しても、カセットでの「少年」は依然として「現実の男性身体」という「異性愛」の枠組みに完全に落とし込めない側面があり、それによって新しいセクシュアリティの可能性さえ作り出したと考える。この可能性は、「カセットJUNE」の一作目である「鼓ヶ淵」から鮮明に読み取れる。というのも、「カセットJUNE」版「鼓ヶ淵」が依拠する原作――三田菱子の短篇小説『鼓ヶ淵』(雑誌連載：一九八七年、文庫本：〔角川文庫〕、角川書店、一九九〇年)はすでに視覚的快楽とは異なる、聴覚によってもたらされる官能を、文字を通じて提示している。そして、それなりに忠実に小説の内容を音声で表現した「カセットJUNE」版「鼓ヶ淵」は、まさにその聴覚的官能を本物の音声で実現させたと考えられるからである。本章はこの官能の様態を明らかにすることを目標とし、まず小説の『鼓ヶ淵』のテキスト分析をして、そこで提示される官能を検討する。そのうえで、本章はカセットテープの「鼓ヶ淵」で立ち上がる「身体」の様態とその「身体」が聴き手にもたらす官能について検討する。このことによって、「カセットJUNE」が切り開いた新しいセクシュアリティの可能性とは何かを明らかにしたい。

2 小説『鼓ヶ淵』における聴覚的快楽

本節では、小説『鼓ヶ淵』がどのような官能を提示しているのかについて検討したい。そのためにまず、小説の基本情報を簡単に述べておく。主人公は、長唄を学ぶ洋一郎と、三味線の才に恵まれた雅美であり、最後まで洋一郎の「僕」という第一人称で展開していくことが当小説の特徴である。物語は、心理的要因で突然失明してしまい、山奥の湯治場に療養にいった雅美を洋一郎が見舞いにいくところから始まる。

雅美は終盤近くまで目が見えないままという設定であり、見返すことができない雅美を見るという立場が、洋一郎の視点を通して読者に与えられている。雅美の容姿は、「子供っぽい体」「滑らかな肌」「柔かい髪」[4]と描写され、永久保陽子が指摘する「ジェンダー的女性性」[5]を有する〈受け〉のイメージと、高い度合いで一致している。一方で、視点人物である洋一郎は具体的な身体描写がなされないうえ、「ジェンダー的女性性」を有する雅美の身体に「無性に視線を引きつけられ」「体の異変」[6]がするほどに雅美に欲情する。「ジェンダー的女性性」が強化されることによって〈受け〉の身体は、裸体がほとんど描写されない〈攻め〉の視覚に訴えるエロティックな身体になる——このような「見る／見られる」の構図は、「見る主体」である男性と「見られる客体」である女性という視線のジェンダー的権力構造を、〈受け〉と〈攻め〉の関係性に持ち込んだ結果だと永久保は評する。(7) しかし本作に関しては、事情はやや異なる。というのも、『鼓ヶ淵』は読者に、「ジェンダー的女性性」をもつ雅美の身体を見つめることによって喚起される欲望だけではなく、ほかの種の官能も喚起しているためである。

ここで注目したいのは、本作の舞台設定である。その主要な場は、俗世から隔離された山奥の湯治場で、そこはいつもほの暗く、夜は電気さえない。つまり、洋一郎＝読者は確かに視線の主導者だが、その視線は常に不明瞭であり、その力を完全に発揮できないでいる。一方で、聴覚によって拾われる環境に充満する音がより一層鮮明になり、洋一郎＝読者を包み込むものとして描写されていて、物語の空間は、音が包囲するような異質なものとして作り上げられている。このような異質な音の空間に、洋一郎の身体は現前させられ、その周囲からの聴覚的刺激への感度が非常に高いものとして提示される。その好例は、鼓に憑依する少女の霊に幻惑された洋一郎が、雅美が弾く三味線を聞いたときの描写である。

遠い遠い闇の果てから突然何かが飛来し流れこみ続けた。それは鋭い力のようなものでこまやかで規則性のある震動に似て軽快でいて力強くあたたかさと深い悲しみを含んでいた。その力はこの場の空気を震撼させ僕を貫き足の先から頭まで熱いしびれを感じさせた。それは殆どエクスタシーに近く僕は身を震わせ喘ぎながら耐えた。(8)

この描写から読み取れるように、洋一郎＝読者が感じるのは、聴覚的な官能である。それは、音という聴覚的要素を、皮膚という境界さえも貫通するような「震動」、すなわち触覚的なものとして感じ取ることによってもたらされるものである。もし「視覚が断続的、分離的、固定的であるのに対して、聴覚は遍在的、無指向的、動的であ［り、］音が共鳴、伝達、誘導の原理に依存することは、空間内にある事物や身体がもつ可変性と透過性を暗に示している(9)」のであれば、この聴覚的な官能は「主体／他者」というはっきりとした分断に基づく視覚的快楽とはずいぶん異なるものだろう。音はいや応なしに聴き手を包囲し、聴き手の身体的反応を呼び起こす。そのときの聴き手の身体とは、外界との明確な境界をもつものというよりは、いわば内と外が呼応するインターフェースのようなもの、あるいはある種の「透過性」を帯びた身体であり、その呼応に基づいた変化を経験するような「可変性」を有する身体であるといえるだろう。その身体が感じる聴覚的快楽とはつまり、その身体が音の去来に晒されるときに生じるものであり、全身の感覚が動員されるような快楽である。

ここでは情動（affect）理論による身体感覚の捉え方もまた参考になるだろう。というのも、「「影響し、影響される（to affect and to be affected）」流動的なダイナミズム」がその根底にある「情動」という概念は、まさに身体が「何かによって動かされること、そしてその動きの潜在性を意味している(10)」のだ。そしてベン・ハイモアは、人間の身体がもつ諸感覚はそもそも連動していて、その「共感覚《synesthesia》」と呼ばれる感覚の連動は、情動と「互いに滲み出し交じり合う(11)」状態にあると指摘する。であれば、小説『鼓ヶ淵』が描き出すこの聴覚的感触は、まさに聴覚と触覚の結び付きによる情動的な官能だといえるだろう。当小説では、音声的な刺激が触覚的なものとされ、その触覚的な音声は聴き手である登場人物と読者の身体を直接動かしている。そこでは、身体と外界との境界線がぼやけ、新たな感応／官能の様式、そして新たな身体と外界との関係性が立ち上がる。ここに、聴覚によって身体的感応／官能が直接呼び起こされるという情動の流れを見いだすことができる。そして、このことによって小説『鼓ヶ淵』は、「見る／見られる」という快楽の構図からはみ出し、触覚的と呼べる音声的刺激によって喚起される情動的な快楽を、文字を通じて読者に疑似的に感取させるのである。

つまり小説『鼓ヶ淵』では、視点人物である洋一郎と同一化することで、読者は触覚性を帯びる音声的刺激によって境界線さえも脅かされる身体を疑似体験し、その体験を通じて視覚的快楽ではなく、むしろ触覚的な音声によって喚起される情動的な快楽を、文字を通じて疑似的に感取する。一方、視覚情報が極限なまでに後景化され、ほぼ音声情報だけで成立する「カセットJUNE」は、聴き手の聴覚に直接訴えている。では、原作小説が描き出した聴覚的官能は、男性アニメ声優が声の演技を聞かせる「カセットJUNE」では、どのようなものになるのだろうか。

3 「カセットJUNE」と「耳で感じる快楽」

「私は文章と声がこんなにも違う（まあ、当たり前と云えば当たり前ですが…）ものとは思いもしませんでした」[12]（三重県／T・S）という、「JUNE」誌に掲載された「カセットJUNE」版「鼓ヶ淵」への読者コメントからもわかるように、男性声優の声の介入は原作小説のキャラクターのイメージを大きく変容させた。「トーキー映画が崩壊させたのは、声の不在ではなく、観客が自分なりに声を想像する自由である（それは映画にアダプトされた小説に登場するキャラクターが客観化されることと似ている）」[13]というミシェル・シオンの主張は、そのまま「カセットJUNE」にもいえることだ。つまり「カセットJUNE」は、それまで曖昧なかたちでしか提示されておらず、したがって読者のなかではどんな姿でもありうるような少年たちに声を提供することによって、予期せぬ具体性を提供したのである。そのため、「カセットJUNE」版は原作と同じく洋一郎の第一人称で展開していくのだが、「俺」という第一人称で語りだす鈴置洋孝の声は、読者の自己投影が可能な具体性を欠いた洋一郎を、確固たる個としての自律的な洋一郎に変貌させる。

　では、洋一郎と同一化することを通じて疑似体験できるという原作で提示される聴覚的官能は、登場人物が声によって具体性を付与された「カセットJUNE」版では遮断されたのだろうか。その答えは否だと筆者は考える。それは、この音響作品では、キャラクターたちの身体に具体性を付与できる要素が、声以外にはほとんどないことに起因する。当作品では、声優の声とBGM以外の音響的要素としては虫の鳴き声や流水音などの環境音しかなく、のちのBLドラマCDでよく使われる足音や衣服の擦れる音、あるいは身体の動きによって何かが移動する音などの音響的ディテールは一切存在せず、聴き手がキャラクターたちの身体を細部まで想像できるような根拠が提供されていない。もちろん、この細部の欠如は「カセットJUNE」だけの特徴ではなく、ほかの様々な聴覚的コンテンツでも起こりうるものである。しかし、成人男性の声を用いて「少年」たちの愛と葛藤、さらには性的行為まで演出しようとする「カセットJUNE」の場合、このような音響的ディテールの欠如は非常に特異な効果を生み出していて、その効果こそが「カセットJUNE」版「鼓ヶ淵」によってもたらされる快楽を、原作小説では提示される疑似的なものとしてしか体験できない聴覚的官能にとどまらない経験にさせている。

その効果とはすなわち、「性器のないエロティックな身体」の産出である。

まず、「カセットJUNE」版の最後にあるベッドシーンの表現を中心に「性器のない」という点について説明しよう。このベッドシーンは原作小説の最後にあるもので、「カセットJUNE」はある意味でそれを忠実に再現しようとしているのだが、ある一点で決定的な違いがある。それはつまり、原作のなかで「雅美の中心を口に含んだ」や「僕の方は…かって知らないほど昂っていた(14)」などのようにして、曖昧ながらも表現されていた男性器の存在が完全に姿を消したことである。「カセットJUNE」版では、ベッドシーンで雅美の喘ぎ声は聞こえるが、性行為を説明するほかの効果音——身体と身体が触れ合う音、体液を表す水音、挿入を彷彿させる粘膜が擦れ合う音など——が一切ない。それどころか、雅美の喘ぎ声でさえエコーが付け加えられていて、きわめて幻想的なものに仕上げられている。そのため、そこで立ち上がる「身体」は男性器どころか、明白な輪郭さえもちえないものになってしまっている。

一方で、この「性器のない身体」が、確かに聴き手にある種のエロティシズムをもたらすことは、「JUNE」誌に掲載された「カセットJUNE」版についての読者コメントから読み取れる。例えば「いかにソフトであろうとも、ソノ手の小説を生身の男性の声で聴くというのは、ものすごいインパクトを与えられるものだとわかりました。初めて聴いたとき、何度ストップかけたことか…!![15]」（熊本市／僕は117）というコメントがそれである。だが、ここで注意すべきなのは、このコメントが「カセットJUNE」版にある性的表現について言及しているわけではなく、生身の男性の声を耳元で直接聴き取ること自体がいたたまれないと主張している点である。つまり、「カセットJUNE」で生起する、輪郭が曖昧な「性器のない身体」は、男性声優の声にある生身性によってエロティシズムの対象になっていることが推測される。では、そのエロティシズムとは具体的にどのようなものだろうか。

ここで、「カセットJUNE」版「鼓ヶ淵」が発売された当時の、雑誌「JUNE」での宣伝文に注目したい。そこでカセットブックは、「耳で感じる」[16]ものとされている。「耳で聴く」のではなく

「感じる」──この一文で説明される聴覚的体験はどのようなものか。それは、我々が集中して声を聴くときに、その声を、鼓膜を振動させるものとしてだけではなく、むしろ我々の全身に振動をもたらし、我々の聴覚に限らない身体的反応を呼び起こすものとして感じ取るような、触覚に近い体験ではないだろうか。「声は、話すことやその内容がもたらすであろう意味以上に／とは異なり、感覚や感情の表現だけでなく、強度（情動）の前言語的と非言語的な音声化を内包し、伝播している」[17]というノリエ・ニューマークの指摘は、まさに聴取体験のこの特徴を言い表している。つまり声は、聴き手の鼓膜に限らない身体領域に感触をもたらし、それによって情動的感応／官能を喚起させうるものである。とすれば、「耳で感じる」ことを銘打った「カセットJUNE」はまさに、この声によって喚起される情動的感応／官能を供するものだといえるだろう。

また、カセットテープという音声メディアはイヤホンによって聴かれることが多いことも、この情動的感応／官能の供給に加担していると考えられる。石田美紀は、ＢＬドラマＣＤの聴取で多用されるイヤホンは、聴覚的刺激をより一層触覚に近づかせる効果をもつと論じる。[18]つまり、聴き手がカセットを聴くときに感取するのは、触覚に訴えてくるような聴覚的な感触だと推測される。

要するに、カセット「鼓ヶ淵」は男性声優の声を起用することによって、確かにもともと曖昧でジェンダー不明な「少年身体」にある種の生身性を帯びさせてしまったが、しかしその生身性はそのまま現実の男性身体、つまり挿入する／される性行為を連想させるような、男性性器を有する身体と直結しているわけではない。そうではなく、むしろその生身性は、「性器のない身体」を生み出す「カセットJUNE」特有の表現によって、別種のエロティシズム、すなわち聴覚的要素が、触覚的なものとして聴き手の聴覚に限らない身体感覚に直接訴えるときに生じるエロティシズムの産出という文脈に置かれるものである。そこでは、たとえ聴き手がはっきりとその声が生身の男性から発されるものであると認識していたとしても、生身の男性身体をベースとする「異性愛的なエロティシズム」にとらわれることがない。聴き手たちはむしろ、自分自身の身体が聴覚と触覚に紐づけられた情動を覚え、そこから生まれる官能を、聴取を通じて経験しているのである。

前節で議論したとおり、もし小説『鼓ヶ淵』が文字の描写によって音声による情動的官能を読者に疑似体験させたのだとすれば、「カセットJUNE」版「鼓ヶ淵」はまさに、このような官能を実際の音声で、聴き手の身体に直接に経験させたのではないだろうか。つまり「カセットJUNE」はまさしく、「耳で感じる」こと──音声の感触をそのまま身体の触覚で感じ取ることに特化したメディアであり、原作小説では完全になしえなかった情動的官能を実現させたのである。そしてこの「耳で感じる」ことの実現こそが、「カセットJUNE」が開いた新たな可能性ではないだろうか。

4　結論──「耳で感じる快楽」の行方

本章は「カセットJUNE」の第一作である「鼓ヶ淵」を取り上げ、そこで立ち上がる「性器のないエロティックな身体」に着目した。「カセットJUNE」は確かに生身の男性声優を起用することによって、ジェンダーが曖昧な原作の「少年」を変貌させたが、それは「現実の男性」と「異性愛に基づくエロティシズム」に直結するものではない。そうではなく、「カセットJUNE」はむしろ、「性器のないエロティックな身体」を産出することによって、聴き手に聴覚と触覚に紐づけられた情動的官能をもたらし、「耳で感じる」ことを如実に実現したのである。これこそが、「カセットJUNE」が生身の男性声優を起用しながらも、新たに切り開いたセクシュアリティの様式なのである。

なお、「カセットJUNE」は現在でも女性向けの市場を大きく占めているBLドラマCDの祖先だといえるが、その聴覚的な情動に基づく官能のあり方は「カセットJUNE」以降どのように変容してきたのか、またもし変容したならば、そのプロセスがどのようなもので、聴き手の身体やセクシュアリティにどのような影響をもたらしたのかといった点については、さらなる検討が必要である。「耳で感じる」快楽の深層に何があるのか。我々の探求はなおもやむことがないだろう。

注

(1) 中島梓「少年派宣言——来たるべき美少年時代へのメッセージ」「COMiC JUN」一九七八年十月

号、サン出版、八九ページ

(2) 石田美紀『密やかな教育——〈やおい・ボーイズラブ〉前史』洛北出版、二〇〇八年

(3) メアリ・アン・ドーン「映画における声——身体と空間の分節」松田英男訳、岩本憲児／武田潔／斉藤綾子編『「新」映画理論集成2 知覚／表象／読解』所収、フィルムアート社、一九九九年、三一二—三二七ページ

(4) 三田菱子『鼓ヶ淵』(角川文庫)、角川書店、一九九〇年、六一ページ

(5) 永久保陽子『やおい小説論——女性のためのエロス表現』専修大学出版局、二〇〇五年

(6) 前掲『鼓ヶ淵』六一—六二ページ

(7) 前掲『やおい小説論』二三〇ページ

(8) 前掲『鼓ヶ淵』一四八—一四九ページ

(9) スティーヴン・コナー「近代的—聴覚的自我」秋吉康晴訳、表象文化論学会編「特集 音と聴取のアルケオロジー」「表象」第九号、表象文化論学会、二〇一五年、八一ページ

(10) 飯田麻結「感情／情動のポリティクス」「現代思想」二〇二〇年三月号、青土社、二一二ページ

(11) Ben Highmore, "Bitter After Taste: Affect, Food, and Social Aesthetics," In Mlissa Gregg and Gregory J. Seigworth eds., *The Affect Theory Reader,* Duke University Press, 2010, p.120.

(12) 「CASSETTE JUNE 感想コーナー 鼓ヶ淵が胸にこだまする」「JUNE」一九八九年三月号、サン出版、一七六ページ

(13) Michel Chion, *The Voice in Cinema.* Edited and translated by Clarudia Gorbman, Columbia University Press. 1999, p. 9.（傍点は原文）

(14) 前掲『鼓ヶ淵』一七九ページ
(15) 前掲「CASSETTE JUNE 感想コーナー 鼓ヶ淵が胸にこだまする」一七六ページ
(16)「JUNE」一九八八年十一月号、サン出版、一九六ページ(傍点は引用者)
(17) Norie Neumark, *Voicetracks: Attuning to Voice in Media and the Arts*, The MIT Press, 2017, p. 7.
(18) 石田美紀『アニメと声優のメディア史――なぜ女性が少年を演じるのか』青弓社、二〇二〇年、二〇六―二〇七ページ

第5章

『風と木の詩』とエロティックな静止

――アニメとクィアな身体

エドモン・エルネスト・ディ・アルバン〔風間彩香訳〕

1　アニメにおける「クィア」を定義する

一九九〇年代以降、同性愛やトランス・ジェンダーのキャラクターを受け入れた日本のアニメは、欧米の視聴者から高く評価されてきた。『少女革命ウテナ』（一九九七年）から『さらざんまい』（二〇一九年）に至るまで、従来の性規範から明白に「外れた」キャラクターがアニメには登場している。ただ、アニメのクィア性を特定しようとするとき、これらの表象だけに注目してしまっていると筆者は考える。はたして「クィア・アニメ」とは、LGBTQ+のキャラクターが登場する作品だけに限られるのだろうか。アメリカのアニメーション『スティーブン・ユニバース』（二〇一三—二〇年）を筆頭とするテレビシリーズの流行に伴って欧米の視聴者が「クィア・アニメーション」の定義を議論するときには、物語を通して描かれるキャラクターのクィア・アイデンティティ——それが明示的か暗示的かは関係なく——が論点になる。そのとき、「どのように」規範やアイデンティティの揺らぎが視覚的に構築されるかという問いは見失われがちである。新しいクィア映画がハリウッド映画の様式や内容を批評的に揺さぶっているにもかかわらず、である。日本のアニメについても、クィアのキャラクターを含んでいるかどうかが問題とされる。近年のアニメにみられるLGBTQ+についての肯定的な描写は、日本国外ファンが感じている解放や祝福のムードを共有しているものだろうか。そもそもアニメでの「クィア」とは何なのか。また日本のサブカルチャーの文脈ではどのような意味をもつのだろうか。

クィア・アニメに関する問いは慎重に立てられるべきだ。筆者は、LGBTQ+のキャラクターが画面に登場するのがクィア・アニメであるという固定観念にはくみしない。というのも、そうすることでアニメでのクィア性をより柔軟に考察することができるからだ。本章では、技法的な観点から、アニメでのクィア性を理解する。アニメでのクィア性は、歴史的に生み出されたある種の観点である。それは、女性やクィアのアーティストが、ジェンダーやセクシュアリティに関して従来とは異なる観点を表現する手段を得たことから生まれた。筆者の仮説は、アニメでのクィア性は、家父長制と異性愛社会の規範に抗うクィア・アイデンティティの描写と、それを画面で表現する方法自体を問い直す技法が遭遇し結合したことから生じたのではないのか、というものだ。こうしたクィア性の突発的出現によって、同性愛やトランス・ジェンダーの主題を表向き扱わないにしても、物語やキャラクターを作り出すアニメの表現技法は変容してきた。本章の主たる目的は、メディアとしてのアニメに固有なクィア性の理論を確かなものにすることである。

クィア・アニメを研究するには、アニメーション自体の概念に立ち戻ることが求められる。クィア性がアイデンティティやキャラクター、語りについて、従来とは異なる方法を探求するのであれば、画面上のキャラクターに「命を与える」規範とは何か。ディズニーのアニメーションと比較すると、日本のアニメはリミテッド・アニメーションという言葉でよく説明されてきたが、それは、一秒あたり何枚の絵を用いて動画を作り上げるのかという技法の側面を強調する。加えて、アニメーションについての概念自体は、私たちがどのように動きを知覚するかに関連している。アニメは、重ねられ、ショットごとに撮影されている複数の絵のレイヤーの総体であるので、アニメが命を得るのは、運動と静止がスクリーン上に共存しているからである。アニメはマンガと密接に関係したおかげで、キャラクターを生み出して動かす方法を常に再編し、拡張してきた。少女マンガでは「静止」画、心の中での独白、ボイスオーバーは、女性的でクィアな語りの技法と見なされてきた。(1)

社会学者の守如子によれば、身体の動きを男性的に構築することは、身体の物質的な動きと映画的モンタージュに立脚している。[2]「男性的」という語が意味するのは、ジェンダー・アイデンティティを想起する基盤になる、運動を知覚する視覚的表現の様式である。身体運動の模倣は主に男性向けのマンガ、さらにはアニメにとって中心的な要素だった。初期のクィアの試みは身体の動きから距離を置くことから始まっている。[3]したがって、クィア・アニメの可能性を探求することは、身体の運動を軸にするのがアニメーションだという概念から距離を置く戦略に目を向けることである。

実際のところ、女性たちがクィアな観点から主流のアニメを読解するやおいマンガは、アニメーションの様式と内容双方に対して従来とは異なる可能性を示している。西村マリによれば、男性同性愛ロマンスを描くときに女性マンガ家は、アニメでは見過ごされていた視点、つまり男性キャラクターの目には見えない心理を語る特別な技法を作り出した。[4]女性マンガ家に共通した戦略は、キャラクターの身体的動きよりも感情面に焦点を合わせる「静止した」視覚表現の開発である。本章では、この手法を「エロティックな静止」と呼びたい。[5]

本章では、こうした理由から、竹宮惠子の同名マンガを原作にもつオリジナル・ビデオ・アニメ『風と木の詩 SANCTUS――聖なるかな』(一九八七年。以下、OVA版『風と木の詩』と表記)を例にとり、どのようにして静止の手法とクィア性が歴史的に融合してきたのかを明らかにしたい。安彦良和監督によるこの作品では、クィアのキャラクターを描くために、新しい視聴覚的な手法がはっきりと打ち出されている。静止と動き、女性性と男性性との間の緊張状態が、クィアなキャラクターをどのようにして表現し、探求し、命を与えるために創造的に起動させられているかを掘り下げる。クィア・アニメの技法が生まれた背景にはどのような概念があるのだろうか。

2 『風と木の詩 SANCTUS――聖なるかな』でのエロティックな静止、あるいは身体を超えて精神を動かすこと

ＯＶＡ版『風と木の詩』は、竹宮の同名のマンガシリーズ（「週刊少女コミック」→「プチフラワー」一九七六年十号―八四年六月号、小学館）を翻案した唯一のアニメである。この作品では、ジルベールとセルジュという二人の主要キャラクターの関係性だけに軸足を置き、彼らの愛がたどる悲劇的運命を描いている。セルジュは男子校であるラコンブラード学院に転校してきた、まじめな若者である。そこで彼は、学校の秩序を壊している悪魔的な魅力をもつジルベールと出会う。セルジュとジルベールはともに真実の愛を探すが、ジルベールの悲劇的な死によって引き離されてしまう。

物語の展開のなかでこの悲劇が直接描かれることはないが、その主な流れはフラッシュバックで示される。冒頭、セルジュはジルベールの死後にラコンブラード学院を訪れ、二人の物語を思い起こす。風と木のモチーフが物語の始まりと終わりを示す機能を果たしている。秋の木立がすばらしい壮大な光景のなかに冷たい風が横切るとき、セルジュは学校を訪れ、その後去っていく。物語の始まりと最大の盛り上がりを示すのに風景の描写を用いることは、竹宮によるクィア・マンガである少年愛マンガに着想を得た技法の一つだろう。風景は物語を展開させるための単なる「状況設

定」にとどまらず、セルジュの感情を表す点で命を与えられている。セルジュ自身はここに現れてはいないが、彼の精神世界は、音楽を伴った木々の間を通り抜ける風のアニメーションによって表現されている。

OVA版『風と木の詩』の秀逸な点は、キャラクターの成長を表現する際の、規範から逸脱する戦略にある。詩や風景、キャラクターの身体は、物語を展開させ、二人の身体的・精神的変容を解き明かすための複合的な手段になる。紙からセルロイドへの移行によって、竹宮のビジョンは新たな次元に突入する。つまり、音楽が静止画、詩、画面に書かれる言葉を統合し、それが心象風景として内面の独白を表現する際に中心的な役割を果たすのである。音楽はマンガでは視覚的な象徴として表現されるだけだが、アニメでは、キャラクターの内面やストーリー展開の描写のために用いることができる。この視覚と聴覚との緊張関係こそが、OVA版『風と木の詩』が体現するクィア性なのである。音と画が組み合わされることで、精神の風景が描かれるのである。

こうしたクィアな語りの瞬間を「エロティックな静止」と呼びたい。こうした場面では、キャラクターの精神の深奥を探求する際の、視覚的動きと聴覚的情報が組み合わさっている。多くの場合で、「静止」(身体の動きに集中しないアニメーション)は、キャラクターの身体的(視覚的)側面と主観的(聴覚的)側面の間の緊張状態を作り出すために用いられる。音楽や声、そしてアニメーション映像は、キャラクターたちが互いに語れないもの、つまり目に見えない精神の動きを表現する役割を担っている。こうした緊張状態を表象する機能は、書籍であれば同じページに文字化される声とイラストがともに描かれてぶつかり合うので容易に実現できるが、リミテッド・アニメーションによる映像の場合、静止状態のイラストはボイスオーバーのナレーションを伴うとしても、内面独白の手法として機能するとはかぎらない。

マンガやアニメでの「内言」はある出来事の客観的記述としても機能するとされるが、一九七〇年代の少女マンガでは個人的な語りとして用いられていた。必然的に、OVA版『風と木の詩』は個人の語りを表現するための視覚的、そして聴覚的手法を用いることになった。内面の独白を発声に変えることなく、竹宮と監督の安彦はヨーロッパの美学にこだわることで、セルジュとジルベールの精神の直接的な表現として詩や手紙、ピアノの演奏を活用している。OVA版『風と木の詩』のクィアな瞬間がもつ静けさと簡潔さは、単なる技術的な困難によるものではなく、目に見えない感情を視聴覚的パフォーマンスに転換したことの表れなのである。ここでは、キャラクターの身体的運動と振る舞いに集中するアニメーションと、身体が不在もしくは静止した状態で内省によって物語が中断するアニメーションとが混ぜ合わされている。行動と内省、動きと感情との間の均衡は、ジャック・ハルバースタムがクィアな物語構造（それは過去、現在、未来を駆けめぐる）と呼んだところのものと一致している。(6)

美少年の挑発的でエロティックな主観領域への誘いの効果を説明するために、OVA版『風と木の詩』での音楽と声の合体と分離をめぐる三つの重要な事例について議論したい。これによって、クィアな感情表出の手法が視覚と聴覚の合体と分離をどのようにおこなうかを示そう。一見したところ、ジルベールとセルジュ役に女性声優を起用していることからすでに、視聴覚の面でもクィア性は存在している。二人のキャラクターデザインは両性具有的である。これは少女小説やマンガでのトランス・ジェンダー性として指摘されうる試みである。さらに、フランスの男子寄宿学校での悲恋には、一九七〇年代の少女マンガによる、男女二元論に基づいた教育体系と差別を伴う家父長制に対する批判が底流にある。こうした要素はクィアな物語を作り出す点で重要ではあるものの、OVA版『風と木の詩』の真の革新性は、キャラクターのトランス・ジェンダー性と物語のクィア性を、アニメというメディア形式で翻訳したことにある。

セルジュがかつてジルベールとともに眠っていた部屋に戻ると（三分四十三秒—四分五十七秒）、彼の姿はスローモーションで亡くなった恋人のもとに幻影のように滑っていく。音楽が徐々に強く響き渡り、絵は特殊効果でぼかされ、セルジュの身体はゆっくりとジルベールのほうへ近づいていく。引き続き音楽が奏でられるなか、場面は学校近くの森の風景に切り替わる。ここで、セルジュはもはや身体ではなく、愛を告白するために彼が書いた手紙によって表象される。セルジュの感情を描くために、彼の言葉が、木の葉が舞い散る森の風景の上に出現する。森は彼のラブレター、つまり彼がもう声に出して読むことのない言葉によって動かされるので、世界はもはや単独で動くことはない。OVA版は竹宮のマンガの特徴としても知られる風景の演出をボイスオーバーなしで翻案することにし、彼女のマンガがもつクィアなロジック、つまりキャラクターを展開するために直接的な身体表象を必ずしも必要としない戦略を維持している。音楽や風景、詩の言葉がセルジュの身体の代替になっている。同性愛の恋愛物語の設定はクィアだが、様式もクィアである。つまり、特定の身体に結び付けて主観を表象するというアニメの正典に対抗する可能性を示している。同様に、物理的動きを通して虚構世界の出来事を直接描く「客観的」表現ではない、アニメの主観的表現の可能性を開いている。

OVA版『風と木の詩』終盤でジルベールが絶望するとき、彼の破壊された精神を表現するために、また別の革新的でクィアな手法がみられる。ジルベールは叔父のオーギュストから悲しい知らせを受け取る。ただ一人の家族からの愛も失ったことに打ちのめされたジルベールが走り去るのに合わせて、森の風景の上にオーギュストの手紙がオーバーラップする。ジルベールの身体はスクリーン上でゆがみ、身体的にも精神的にもダメージを受け、徐々に凍てついた地面の上に崩れ落ちる。実は、この場面は「静かに」語られている。つまり、ジルベールの落胆やオーギュストの厳しい言葉を表現するのに何らかの言葉が発されることはない。視聴者が耳にする音楽は、ジルベールが手紙を読み、その後走り去るアクションが起きるのと同じ時空で生じているわけではない。ここでは三つの要素がジルベールを動かしている。まず、ジルベールが物理的に動いているということ、次にオーギュストの手紙が彼の精神を動揺させていること、最後はセルジュが奏でる音楽がジルベールの落胆を聴覚的に示唆する役割を果たしていることである。この場面は、物語の主体であるキャラクターを構成する要素がそれぞれ異なったものとしてスクリーン上に現れ、それらがともに機能し、ジルベールの悲劇的な苦悩の背景を説明しているという点で、アニメ史で前例のないクィアな時間性を提示しているといえる。セリフでも壊れた身体でも、ジルベールの痛みを記述できない。ジルベールの精神を翻訳するためには、音楽としてのセルジュと手紙としてのオーギュストという物理的に不在のキャラクターたちによって体現される二つの間接的要素を重ね合わせることが必要になる。視覚と聴覚は協働してジルベールの崩壊を語るが、両者は互いに反目しあっている。なぜなら、オーギュストとセルジュはアニメーションの視覚的領域のなかでは遠く隔たっていて、互いに深く関わり合うことはなく、さらにセルジュのほうはスクリーン外でピアノを弾いているだけだからである。この場面はまた、アニメの分解された視界は（トーマス・ラマールによれば、動く映像の重ね合わせは(7)）同時に、分解された聴覚の場でもあることを思い起こさせてくれる。時間と空間、視覚と聴覚のずれは、キャラクターの身体と精神が、直接的に、あるいは間接的に出合うクィアな語りの可能性を開くのである。

セルジュとジルベールのすれ違いにもかかわらず、最終場面（五十四分十四秒―五十五分五十五秒）では、互いの熱情が明かされる。具合が悪いジルベールはセルジュにベッドのなかで温めてほしいと懇願する。セルジュがしぶしぶジルベールを抱き締めると、身体の動きの提示はやみ、二人の親密な関係を示す主観的なモンタージュへと切り替わる。音楽が強く響き渡ると、クローズアップと、物理的かつ社会的世界が彼らを閉じ込めておけなかったことを示すカメラの回転運動によって、二人は静止画で表される。束の間、学校や社会的圧力から解放されて、二人のもつれ合った身体は部屋から去り、薄明るい嵐の空へと羽ばたいていく。世界は二人の若い恋人の純粋な抱擁によって動きを与えられ、視覚と聴覚の両面から、時間軸では計れないロマンチックな瞬間が共有されたことを示す。二人の身体が抱き合うことは、身体的接触を超越して二人の内面が出合う時間と空間のずれをもたらす。二人が空の闇のなかに吸い込まれていったとき、セルジュとジルベールの内面の独白が、今回は言葉として発話されるのだが、彼らの愛の発露としての身体的抱擁がもたらした関係性の深化という結果を語る。ここでリミテッド・アニメーション技法によって画面が静止状態になると、キャラクターに魂を与えていた映像の役割を女性声優が引き継ぎ、声を加える。

しかし、セルジュとジルベールの身体と声の出合いから生まれるクィアな時間と空間ははかなく過ぎ去り、その身体が高速で進む馬車に連れ去られるというリミテッド・アニメーションによって表される、ジルベールの残酷な死が間近に迫ってくる。この避けられない悲劇に直面し、アニメ版のフラッシュバックは、竹宮のマンガから引用されたセルジュとジルベールが裸で抱き合う静止画になり、雪の空へと消えていくのである。この場面は、クィアな時間性を表現するための方法をボイスオーバーに見いだすことで、一九八〇年代アニメの伝統を揺さぶる。ここでは、声はもはや身体的動きを指し示すものではなく、また独白や対話を通して物語を説明するための道具でもない。むしろ声はこの場面の核なのである。リミテッド・アニメーションが語りのツールとしての役割から解放されるなかで、身体的動きに力点を置く従来の手法は、声によって愛の謎が解明されるという性的力学をもつ静止の領域、さらには世界がキャラクターによってどのように知覚されるかを重視する主観の領域へと歩みを進めるのである。

おわりに

アニメは、技法やテクノロジー、静止画に動きを与えるアニメーターたちの選択によって形作られる点で、なかに入るものに応じて形を変える砂箱だといえる。語りの手法として身体的動きに注目するアニメーターたちの考えや取り組みを否定・抹消しようという意図は全くない。また、身体に力点を置いたアニメーションがそれ自体クィアではありえないと主張するつもりもない。本章で示唆したかったのは、クィア性を表現するための手段として、静止の手法に注目するマイノリティたちの視点を通して、アニメを再発見できるのではないかということだ。

竹宮のマンガを原作とするOVA版『風と木の詩』は、複数の絵を重ねることで目に見えるものになる画面上の動きだけではなく、リミテッド・アニメーションによる映像的静止と音との重ね合わせという観点からも、知覚の新しい領域を生み出すアニメの可能性に問いを投げかけている。エロティックな静止についての問いは、ただ画面上でLGBTQ+のキャラクターを登場させるかどうかという単純な問いを超越している。というのも、同様の技法や場面がOVA版『風と木の詩』以降にアニメで浸透してきたからである。にもかかわらず、こうした場面のクィア性は、身体に極端に力点を置く風潮に牽引される物語展開を打ち破る戦術であり続け、そして時折キャラクターのクィアな解釈にも関係している。女性マンガ家のアニメ表現に対する意識はアニメの伝統のなかにしっかり根を下ろし、彼女たちに多大な影響を受けたクィアな志向をもったアーティストたちの試みを導くものになる可能性を秘めている。

したがって、アニメにおけるクィアな手法は、LGBTQ+のキャラクターを掘り下げること以上の意味合いをもつ。つまり、いかに「アニメーション」は視覚的・聴覚的に機能するのかについて様々に解釈する表現の統合体として、日本のアニメが自らの伝統を形成するにあたり、多様なコミュニティが関わっていることを示唆するのである。本章の試みが、アニメーション技法の長い歴史での新たな感覚に目を向ける契機になり、動く絵によって物語とキャラクターに命を与える芸術の、新たな可能性を切り開くことができれば幸いである。

注

(1) 石田美紀『密やかな教育――〈やおい・ボーイズラブ〉前史』洛北出版、二〇〇八年、二一―五〇ページ

(2) 守如子「マンガ表現学の視点から見たやおい」「ユリイカ」二〇一二年十二月号、青土社、八八―九四ページ

(3) Edmond "Edo" Ernest dit Alban, "Towards a Queer Perspective on Manga History: Sexy Stillness in

the Gay Art of Yamakawa Jun'ichi." *Dōjin Journal : An academic journal on popular cultures established by the International Research Center for Japanese Studies*, 1 (doi/10.15055/00007556)、国際日本文化研究センタープロジェクト推進室、二〇二〇年、一七―二〇ページ

（4）西村マリ『アニパロとヤオイ』（「オタク学叢書」第七巻）、太田出版、二〇〇二年、一八―二〇ページ

（5）エドモン・エルネスト・ディ・アルバン「クイアな身体の可能性――オタク・メディア・漫画表現」、安井眞奈美／エルナンデス・アルバロ編『身体の大衆文化――描く・着る・歌う』所収、ＫＡＤＯＫＡＷＡ、二〇二一年

（6）Jack Halberstam, *The Queer Art of Failure*, Duke Uiversity Press, 2011, p. 53-86.

（7）Thomas Lamarre, *The Anime Machine: A Media Theory of Animation*, University of Minnesota Press, 2009.

第6章 持永只仁の家族アーカイブから読み解く協力者としての子ども観客

ジェーソン・コーディ・ダグラス［宮本裕子訳］

所沢の住宅街にある、人形アニメーション作家・持永只仁とその妻の綾子の旧居に隣接した倉庫のなかに、ボロボロになった手書きの日誌が多数積み上げられている。それらは、持永が中心的役割を果たした制作会社、人形映画製作所（一九五五—六〇年）とMOMプロダクション（一九六〇—六七年）関連の資料である。そのなかに「子供たちからの作品に対する意見」と表紙に書かれた日誌がある。持永の長女・伯子はこれらの資料の保管に努めてきた。それは今日まで十分活用されず、整理や分類もされていない。しかし、川本喜八郎をはじめ多くの人形アニメーション作家が持永と働くことでキャリアを開始している事実に鑑みれば、持永家のアーカイブは日本での人形アニメーションの起源に関心がある研究者にとって宝の山である。伯子の厚意により、筆者は撮影記録や貸借対照表、絵コンテ、制作日誌などを閲覧できた。その際、彼女から幼少期の家族の仕事や歴史に関する鮮明な記憶を聞き、子どもたちはこのスタジオにとっての活力だったことに気づいた。「子供たちからの作品に対する意見」は、このスタジオの副産物というよりも、スタジオによる創造の一過程をなした重要な要素である。

本章は、日誌「子供たちからの作品に対する意見」が大人のアニメーション制作者が「理想として思い描いた」子どもだけでなく、「本物」の子どもたちが残した無数の痕跡をアーカイブ化していることに注目する。一九五五年秋、人形映画製作所が第一作の制作に着手する以前に、持永と彼のプロデューサー(クレジットに記載されなかったが)を務めた綾子は、多くの子どもたちを定期的に集め、子どもたちと一緒に芸術と創造について話し合っていた。子どもたちは映画を見て、意見を求められた。彼らの意見が具体的に映画に反映されることもあった。子どもたちは、大人たちが真剣に取り組むアニメーションの創造の協力者でもあった。

1　児童観客を協力者にすること

一九一九年生まれの持永只仁は、三九年から子ども向け短篇アニメーション映画制作に従事した。瀬尾光世に雇われ芸術映画社に入社した彼は、文部省の後援で制作されたセル・アニメーション映画『あひる陸戦隊』（監督：瀬尾光世、一九四〇年）に撮影と原画で参加した。四〇年代初頭、持永は慢性病に苦しみながらも、瀬尾と日本初のマルチプレーン・カメラを開発し、短篇『アリチャン』（監督：瀬尾光世、一九四一年）と、四一年十二月の真珠湾攻撃をたたえる目的で海軍が発注し、日本初の長篇アニメーションと宣伝された映画『桃太郎の海鷲』（監督：瀬尾光世、一九四三年）の撮影をおこなった。四二年に持永は山口綾子と出会い、結婚した。四五年初頭、二人目の子どもが生まれるため、夫妻は戦争で荒廃した東京を離れ、持永が幼少時、満州事変が起きる以前に数年過ごした満州に移住した。五三年に東京に戻った持永は仕事に就くのに苦労した。当時はアニメーション制作の財源が乏しかっただけでなく、彼が大陸からの「引き揚げ者」だったからだ。持永はテレビコマーシャルなどの雑多な単発の仕事をこなしながら、日曜日にお絵かき教室を開き、近所の子どもを集め始めた。

毎週十人の子どもが持永家に集まることで始まった無料の教室は、すぐに定期的な参加者が三十人を上回り、一大事業になった。持永の死後、綾子と伯子の厳密な監修を経て二〇〇六年に出版された自伝によれば、彼は子ども一人あたり三十円の参加費（その使途は画材料や公民館使用料だった）[1]の徴収を決めたが、この決定で参加者が減ることはなかった。特に初期から持永の教室を高く評価していた親は、子どもを通わせ続けた。登録者はすぐに百八十人以上に膨れ上がった。[2]彼はこの日曜日の教室について、絵を描くことの不安を克服しようと苦しむ子どももいたものの、どんな子どもでも、観察の仕方を教えると上達したと述べている。教室の目的は次第に、子どもの能力を高めて視覚芸術に対する鑑識眼を養うことに変化した。持永はおそらく無意識のうちに、自身のスタジオが制作する人形アニメーション映画の発展のために、その後、何度も協力を仰ぐことになる子どもたちの批評能力を涵養したのだろう。

持永はプロデューサーの稲村喜一と組んで一九五五年八月に人形映画製作所を設立した。二人は電通映画社（巨大広告代理店・電通の子会社）と教育映画配給社（同社は日本の教育映画配給事業を牽引した）を頼り、モノクロの二巻物である教育映画の制作費八万円を調達した。以降、この二社は、同製作所の九本の短篇すべてに出資している。わずかな予算だったが、持永と稲村は、脚本兼共同監督の田中喜次と撮影監督の岸次郎、なんでも屋を務める綾子、さらに近所に住む引き揚げ者家族の女性数人を助手に雇って、スタジオの主要スタッフとした。[3] 三カ月足らずで完成した有名な『瓜子姫とあまのじゃく』（一九五六年）は、若い織工の瓜子が、彼女の養祖父母と町の仲間を説得して、村はずれに住む気難しくも心優しい孤児である不良少年に会いにいかせる、というものだ。

日本ではおなじみの民話に基づくこの映画は、ストップモーションによる人形映画制作についてきわめて自己反映的な手法を採用している。人形劇の舞台にカメラがズームし、四つのショットでタイトルが提示される。女性ナレーターが人間と動物、空想上の生き物といった登場キャラクター全員を紹介する間に、静止した人形を映す五つのショットで構成されたオープニングが続く。「さあ、人形芝居の始まりです」とナレーターが宣言すると、落ち着いた白い背景の前に、まばらに置かれた小道具とともに人形が並ぶ。そして、彼らの内なる「魂」の奇跡的な目覚めを強調するかのように、ゆっくり動き始める。

電通映画社の小畑敏一と教育映画配給社社長の金指英一は、この映画がそれなりの成功を収めたことに満足し、公的・私的を問わず国中のあらゆる場にテレビが普及するなかで、ストップモーション・アニメーションによる「教育映画」の市場が生まれる可能性を確信した。そして二作目の映画『五匹の子猿たち』(一九五六年)の制作を許可した。同じころ、かつてアサヒビールのテレビコマーシャル用アニメーション・シリーズの制作で持永とともに働いていた川本喜八郎は、人形映画製作所で人形制作に関わるようになった。

クレジットには記載されていないものの、このスタジオが創業した年からこれら短篇アニメーション映画制作のために働いたのは、近所の主婦だけではなかった。持永と彼のチームは、小学生向けの教育映画を作る意図を明確にもっていた。[4] 子どもの観客の心に訴えるために採られた主要な手法の一つが、直接子どもたちと一緒に作業することだった。それは、持永の日曜日の教室から生まれた考えだった。アーカイブの資料には子どもたちが撮影に立ち会ったという証拠はないが、彼らは撮影前後の多くの制作工程に参加し、手伝った。例えば『五匹の子猿たち』制作時の初期の会議では、子どもたちの前で、映画での使用が予定されている素材(主にキャラクターや背景)を中心にしたスライドを投影した。その後、子どもたちに、スライドの印象や、様々なスケッチや素材から組み立てられる映画でどのようなものが見たいのかを尋ねた。好きな物語や絵本についての就学児への聞き取りは、このスタジオが採用したもう一つの取り組みだった。持永本人は、この聞き取りの結果から、三作目にヘレン・バンナーマンの絵本『ちびくろサンボ』の翻案を選んだと証言している。そして『ちびくろ・さんぼのとらたいじ』（一九五六年。以下、『とらたいじ』と略記）を制作した。その次作である『ちびくろ・さんぼとふたごのおとうと』（一九五七年、以下、『ふたごのおとうと』と略記）は、『とらたいじ』を見た子どもたちが持永にシリーズ化を懇願する手紙（不運にも現存しない）を書いたことが制作の契機になった。[5] スタジオの運営費と人員が増えるにつれて、制作について助言する小学生の数も増えた。

この時期を通じて最も組織的に開催していた会議には、約百人の子どもたちが参加した。スタジオの最新作である短篇三本『ふたごのおとうと』、『ふしぎな太鼓』（一九五七年）、『こぶとり』（一九五八年）を上映して、「どの映画がいちばん好きですか」「映画を見てどんな気持ちになりましたか」「映画のどんな点がいちばん面白かったですか」などの鑑賞体験に関する質問がなされた。子どもたちの多く（百人中五十五人）は『こぶとり』をいちばん好きな映画に選んだ。子どもたちが自分の好みや意見を語ったことを証明するのは、ページ番号がない日誌「子供たちからの作品に対する意見」に記載されたメモや統計の数字と、余白や方眼紙に描かれたグラフである。これら手書きのメモやグラフを、現存する数少ないスケッチや映画の完成版とあわせて解読すれば、協力者の子どもたちが制作者の次の仕事の方向づけにどのように関与したのかを明らかにできる。

日本の別の民話の翻案である『こぶとり』の主役は、顔の片側に巨大な瘤が一つある年老いた二人の木こりである。二人は顔に同じ患いをもち、同じ仕事をしているが、全く正反対の性質をもっていて、片方は快活で優しく、もう片方は自己中心的で怒りっぽい。快活な木こりが空洞になった木に避難して激しい土砂降りが過ぎるのを待っているとき、鬼が霧深い山に隠された秘密の隠れ家の洞窟に戻るのを目撃する。彼は鬼たちの祝祭的な歌に興味をもち、鬼の浮かれ騒ぎに闖入し、鬼を驚かせ、威勢がいい踊りを見せる。鬼たちは老人の能力に感動し、顔から瘤を取る。もう一人の木こりは思わぬ幸運を聞きつけて顔の瘤を取ってほしいと鬼の洞窟に忍び込むが、ひどく拍子を外したへたな踊りしかできず、鬼から瘤をもう一つ付けられてしまう。映画の終盤、心優しい木こりは不運な隣人に扮して、鬼の前で前回とは別の踊りを生き生きと披露する。鬼は彼の踊りを楽しみ、今回はもう一人の木こりの頰から瘤を二つとも消してやる。そして彼の思いやりに感動する。

日誌「子供たちからの作品に対する意見」に記載されたある議事録には、『こぶとり』に対する参加者の反応が五つの主要なテーマとしてまとめられている。その一つが、三幕物のこの映画の句読点となる、アニメーションの技巧が最も凝らされた歌と踊りに対する圧倒的に好ましい反応である。歌と踊りは以前の作品でも珍しくなかったが、『こぶとり』のスペクタクルは経費がかけられ、入念な視覚と音声の同期を実現していて、ディズニーの「シリー・シンフォニー」シリーズに求められてきたレベルの画期的なものだ。『こぶとり』に続く映画は、子どもたちからの意見に直接応えて、これとよく似た場面を繰り返し尺を長くして呼び物にした。それが『ぶんぶくちゃがま』

（一九五八年）でのたぬきの出し物や、『王さまになった狐』（一九五九年）での舞踏会である。

持永が開いた会議の参加者がみせた反応からは、『こぶとり』にはほかの二本の映画（『ふたごのおとうと』『ふしぎな太鼓』）と異なる美的戦略が採用されていることをも、参加者が察知していたことがわかる。プロキノのアニメーター出身で人形映画製作所では脚本を担当した田中喜次は、企画立案に際して児童文学を何度も題材にした。その一つが石井桃子作『ふしぎなたいこ』（〈岩波の子どもの本〉、岩波書店、一九五三年）であり、五七年に田中は同名映画の脚本へと翻案した。『こぶとり』の視覚的な発想は、奥行きが異なる各層に様々な質感をもつ木を配した森のなかを木こりが歩く最初の場面で見て取れる。木の何本かは『ふしぎな太鼓』や『ふたごのおとうと』に似ていて、立体的で前景に飛び出している。しかし、ほかの木は岩波書店の絵本から出てきたかのように紙や厚紙から切り抜かれ、中景や後景に貼られている。異質な素材で構成された画面には一貫性がない。少なくとも十人の子どもがこのような種類の背景への好みを述べているが、それはおそらく彼らが当時の挿絵入りの児童書が作り上げた視覚的戦略と環境を直接想起したからだろう。この形式は『こぶとり』以降の人形映画製作所の短篇のトレードマークになった。

子どもたちは様々な側面から制作に活力を与えた。しかし、子どもたちは、持永たちが彼らの家族や教師から取り付けようとした経済的支援を提供することはできなかった。一九五〇年代末、人形映画製作所は人員と短篇映画制作規模を拡大し、依頼された膨大な数の広告制作を請け負って負債を埋め合わせようとした。撮影日報によれば、無謀なスケジュールでの制作だった。アニメーターは早朝から撮影を始めて夜の八時九時まで働き続け、映画の撮影を進めながら、テレビコマーシャルの厳格な締め切りを守ろうとした。だが、スタジオの借金が数百万円に膨れ上がるだけで、待ち望んでいたテレビ放送からの収益も得られなかった。日本中のお茶の間の半分以上にテレビが行き渡る六〇年代初頭まで人形映画製作所が存続したのなら、子ども向けテレビ番組編成に持ち場を得ることができただろう。だが、六〇年五月七日、持永の成功を信じるよう出資者を説得し続けたプロデューサーの稲村が突然亡くなった。それがスタジオの終焉だった。稲村亡きあと、持永と共同制作者が立てた新しい財政案ではしのぐことができず、制作は一カ月もたたないうちに停止した。借金を背負った持永は大村英之助と松本酉三とともに、夏の終わりには新会社MOMプロダクションを設立し、アメリカのヴィデオ・クラフト・インターナショナル（のちのランキン・バス）が企画するテレビシリーズやテレビ特別番組用の制作を受注した。六〇年代を通して、MOMは百三十話（各話五分）の『ピノキオの冒険』（一九六〇―六一年）、クリスマス用特別番組『ルドルフ 赤鼻のトナカイ』（一九六四年）、そして『怪物の狂宴』（一九六七年）まで、質量ともに注目に値する人形アニメーションを制作した。しかし、ヴィデオ・クラフト・インターナショナルが脚本を作成したこれらの作品は北アメリカの英語話者向けのものだったので、持永は子どもと直接やりとりしながらの制作実践を続けられなかった。七八年に中国で持永がアニメーターに向けて講演した際に、彼はアニメーション制作の下請けの短所として、子ども観客とのつながり――彼はそれまで経歴のほとんどを子どもたちと仕事をしてきたし、その子どもたちのために映画を作ってきた――を失わざるをえなかったことを挙げ、それがＭＯＭ社の代表としての最大の後悔だったと語っている。(6)持永はアニメーションの教育者として、また日中関係発展の使者として活動した第二のキャリアののち、晩年の九二年にようやく、日本の子どもに向けて自身の最後の人形アニメーション映画である『少年と子だぬき』（一九九二年）を監督することができた。

2　子どもの観客と考えること、子どもの観客について考えること

持永が子どもたちとアニメーションを制作していた時代、子どもとアニメーションの関係を精力的に論じた評論家がいた。「映画評論」一九五九年一月号の巻頭を飾ったのは、同誌初の映画評論賞入選論文だった。筆者の藤川治水は、第二次世界大戦後に同誌がほとんど注目してこなかった「漫画映画」を論じた。おそらくそれが評価されたのだろう。藤川の議論は多岐にわたり、新進の東映動画とおとぎプロの美学とその産業的成立に触れ、影響力をもっていたアニメーション論である今村太平『漫画映画論』（第一芸文社、一九四一年）に関しても鋭い批評を展開した。しかし、主眼は同時代の批評家への批判だった。つまり、日本のアニメーション映画が成功するには、批評的・社会的言説が常に助言を与えなければならないのである。彼は結論を導くために、ディズニーの『ファン・アンド・ファンシー・フリー』（監督：ベン・シャープスティーン、一九四七年）のサー

カスの熊ボンゴについて「田舎の小学四年生が書いた詩」を引用する。

こぐまは、じてんしゃのいちりんしゃではしる。
こぐまのハンドルはじょうず。
やねのうえのうえをはしる。
たかくあがったり、ひくくはしる。
ぼくたちみんながわらって、
おもしろくはしる。
こぐまは木に、じてんしゃでのぼる。
こぐまは山の木の中を、はしっていく。
川のそばの道をはしる。
はやいいちりんしゃではしる。(7)

藤川はこの詩を引用することで、「思想」や「風刺」といった高尚な考えに耽る大人はアニメーションの最も本質的な視覚的側面、つまり喜劇的な運動を全く見失っていることを強調した。彼によれば、日本の(大人の)アニメーターが自らの芸術形式を発展させてディズニーに比肩させたいと思うなら、そして批評家がその実現を手伝いたいと願うなら、彼らはこの詩が伝えている学童期の子どもがもつ美的感覚を学び直す必要がある。つまり、物語や構造、表現について考える前に、まずは熟練したアニメーションの動きの「素朴な驚きと喜び」を正しく評価できなければならない。

一九六〇年代には、「映画評論」でアニメーション関連の議題を扱う文章が五〇年代に比較して五倍近く増えた。アニメーション批評が著しく増加するなかで、批評の中心はディズニーではなく、東映動画制作のフル・アニメーション長篇映画や、虫プロダクションとその多くのライバルが量産するリミテッド・アニメーションのテレビシリーズ、そして「アニメーション三人の会」が六〇年から主催した映画祭が紹介する、国内外で制作されたインディペンデント系の「アート」アニメーションと「実験」アニメーションへと移行した。同時代の多くのアニメーション批評は、藤川にとっての重要な観点から遠のいた。『子ども漫画論』(三一書房、一九六七年)の著者としても知られる藤川は、子どもと漫画の関係を考察した先駆者でもあるのだが、児童観客への関心は広く共有されなかったのだ。ほかの批評家たちは、いかにアニメーションが大人の消費に堪えうるのか証明しようと努め、一部のアニメーターはエロティックな大人向けの内容を作ることで自身の作品を差別化した。

批評と芸術におけるこの種の傾向は、二十世紀半ばの「映画評論」に顕著だが、それはなにもこの時代とこの雑誌のことだけではない。一九八〇年代から、日本と英語圏の研究者は、研究対象が子どもの遊び以上のものであることを理論化し、学問としてのアニメーション研究を作り上げてきた。アニメーションを学術界(たいていは映画・メディア・文化研究)のなかで正当に位置づけようとする試みが広がったことは、かつて数十年もの間、映画研究者が「芸術」映画の重要作品（いまでは映画史の「正典」になった）を盛んに論じて、映画が大衆の下品な娯楽であるという偏見を乗り越えようと努めたことに似ている。結果、日本のアニメーション研究は、アニメーションが歴史的に子どもと作り上げた特別な関係を理解するどころか、それを曖昧なまま放置してしまった。

藤川の論考が発表された一九五九年、人形映画製作所の持永只仁と綾子たちは、人形アニメーションで教育映画を作る方法論をさらに発展させ洗練させるために、協力者である子どもたちと一緒に仕事を続けていた。しかし、就学年齢の子どもの批評能力に対する藤川の信条を共有する批評家はほとんどいなかった。人形映画製作所での子ども向け短篇制作も、財政難から六年足らずで打ち切りになった。六〇年代、テレビ「アニメ」の急速な隆盛とともに、批評家、歴史家、「アート・アニメーション（あるいは芸術としてのアニメーション）」の支持者は、映画誌や広告雑誌でアニメーションの美的・商業的価値への関心を熱狂的に示し始めた。往々にして、アニメーションと子どもの関係は過小評価され、子ども向けメディアとしての歴史的重要性は探求されず、むしろアニメーション産業が乗り越えるべきものとして記述されていった。この転機は、戦後「アニメ」についての研究や議論が始まり、アニメがグローバルなメディア現象に成長する原点になった。しかし、そのために、五〇年代までに子どもたちが日本のアニメーションの発展に文化的にも感情的にも貢献してきたことはうやむやになった。

本章で筆者が主張したいことは、子ども観客と彼らの洞察力——それはアニメーター、教育者、官僚など、アニメーション産業のなかで働く者、あるいはこの産業に外から関わる者に影響を与え続けてきた――を学術的に検討する概念的枠組みを構築する必要性である。持永家のアーカイブ資料の事例研究を通じて、観客であり協力者だった子どもたちがアニメーション制作過程に残した軌跡が明らかになった。子どもは単純で未熟で、天真爛漫だという思い込みから抜け出せない人もいる。しかし、そうではなかった持永や藤川にとっては、就学年齢の児童は芸術についての洞察力をもっている。それは、大人が主導するアニメーション制作に情報を与え豊かにするものであり、彼らの観客としての能力は、大人がなんとかしてもう一度手に入れたいと願うものだ。子どもの観客が果たした貢献、子どもの観客をめぐる矛盾、そして子ども観客という概念に含まれる様々な含意を再発見するには、アニメーション研究者の多大な努力が必要である。私たちが歴史を記述し教える方法は再考されるべきであり、また誰を、そして何を歴史に書き込むかも再考する必要がある。こうした目的のためにこそ、アーカイブ資料は活用されるべきである。

注

(1) 持永只仁『アニメーション日中交流記――持永只仁自伝』東方書店、二〇〇六年、二三五―二三六ページ

(2) 同書二三七―二三八ページ

（3）同書二四一ページ
（4）同書二四五ページ
（5）同書二四八ページ
（6）同書二八二―二八四ページ
（7）藤川治水「日本における漫画映画の問題点」「映画評論」一九五九年一月号、新映画、三一ページ

第3部

多様な素材が示すアニメの現場と仕事の形態

イントロダクション

キム・ジュニアン

連続テレビシリーズを中核とする量産体制によって発達した日本のアニメ産業は、様々な種類の中間素材を大量に生み出してきた。プリプロダクションと呼ばれる企画段階では、脚本、キャラクター設定や美術設定、絵コンテなどを作成し、本制作が始まると、レイアウト、原画、修正原画、動画、セル画[1]、背景画なども加わる。これだけで膨大な数の中間素材が産出される。その量はテレビシリーズ一話分で、段ボール箱でおよそ五箱分に及ぶといわれる。さらに、ポストプロダクションと呼ばれる制作の後半では、声優がキャラクターの声を演じるために必要とするアフレコ台本なども作成される。

中間素材は、今日アニメーション制作環境がデジタル化されたことによって、その多くが最初からパソコン上で作成され電子データとして管理されるようになっているが、アナログ時代の場合は事情が大きく異なっていた。アナログ時代の中間素材は紙やプラスチック製のセル素材でできているため、運搬と保管が容易ではなく、さらに多くのアニメーション制作スタジオが集中している首都圏の不動産事情ゆえに、保存されるどころか、長年、廃棄と散逸といった厳しい状況のもとに晒され続けていたのである。

もちろん、原画集や絵コンテ集といった書籍や展覧会での展示といった形式で、アニメの中間素材が商品化されたり公開されたりすることは珍しくない。ただしそれらは中間素材の氷山の一角にすぎず、しかも知名度が高い作り手によるものが多くを占めている。アニメ産業の現場で生み出される中間素材は、例えば、原画一枚の場合、その作者を推定することはできるとしても、ファインアートとは違ってそこに署名などは入っていない。また作画監督が修正してしまうことも多々あり、完成した作品の画面上では見られなくなる運命にさえある。

このように、作者の同定さえ難しい数えきれないほど存在するアニメの中間素材は、そもそも保存に値するものなのか。第3部は、そういった問いに対して答えを提示しようとする試みであり、次の四つの章で構成している。

まず第1章の「日本のアニメ業界の制作体制と中間素材」（渡部英雄）、そして第2章「アニメ・アーカイブにおける音響素材の位置」（山川道子）は二〇二一年三月にオンラインで開催された国際会議での講演の採録である。渡部は一九七〇年代後半から九〇年代半ばまでアニメ業界で撮影、制作進行、演出、原画など様々な仕事に携わるなか、演出の研究のため数十年間にわたり現場でアニメ中間素材を収集・保管していたのだが、それらを新潟大学アニメ・アーカイブ研究チームに一任し、中間素材の学術的研究を促進させた当事者である。本書での渡部の議論は、デジタル時代のアニメ制作工程がアナログ時代の延長線上にあると見なし、制作現場のスタッフ同士の協働やコミュニケーションが絵コンテなどのアニメ中間素材を通してどのようにおこなわれていたのか、逆にそれら素材の体裁が現場の制作体制をどのように形作っていたのかを、自らの経験に照らし合わせながら具体的に伝える。

一方、プロダクションI.G社で中間素材アーカイブの構築をパイオニア的にリードしてきた山川道子は、最近のアニメ制作現場と、本書の第1部と第2部で多くの筆者が分析するアニメの音声表現に直接関わる中間素材にフォーカスする。アニメ制作現場に存在する音声収録形態のなかでも、特に完成した映像に声をあてるアフレコの実態について詳しく述べ、さらには音声素材のアーカイブ化の課題を提出する。アニメ業界の現役スタッフである山川の議論は、非常にヴィヴィッドで示唆に富む。

第3章「新潟大学でのアニメ・アーカイブの研究活動」（鈴木潤）は、日本学術振興会科学研究費助成事業に採択された研究課題の一環として中間素材のデジタル化に従事していた筆者の経験に基づいて執筆している。アナログ時代に作成されたアニメ中間素材の大多数は紙媒体である。紙には寿命があり、特に酸性紙の場合、五十年で激しく劣化することが知られている。デジタル化の基本的な発想は、時間との戦いからアニメ中間素材を救い出すことだが、鈴木の論考は自らの実践から見いだした中間素材の物理的特徴、例えば紙媒体が単なる平面ではないこと、などを提示しながら、アーカイブの将来に向けてのより幅広い議論を促す。

最後に、第4章「アニメ中間素材からみえてくる〝ブレ〟表現の独自性」（板倉史明）は、アーカイブ化されたアニメ中間素材のなかでも特に原画を精査し、原画スタッフの描画から意図された映像表現を分析する。分析対象になるのは、奇跡的に九〇％以上の原画が現存しているテレビアニメ『夢戦士ウイングマン』の第十二話である。板倉の考察は、完成にはまだ至らない段階で原画スタッフが意識的に原画上に書き込んだ「ブレ」や「ビビリ」という生の演出指示の記録を根拠にしているところが従来の表現論とは一線を画していて、まさに中間素材がアニメ研究の新しいページを開いてくれる決定的資源になることを示すものである。

注

（1）セルとは、アナログ時代のアニメーション制作に使われたプラスチック製の薄い透明フィルムを指し示すセルロイドの略称。原画の段階を経て動画の段階で紙に鉛筆で描かれる線画は、機械や手作業によってセルにトレスもしくは転写される。デジタル時代のアニメーション制作現場では使われなくなった素材。

第1章

日本のアニメ業界の制作体制と中間素材

渡部英雄

はじめに——中間素材の大切さ

アニメの中間素材というのは、考古学でいえば発掘された壺や皿、建築物、人骨のようなものである。アニメーション制作の研究をするうえで、まさに中間素材は、発掘された壺や皿に相当するものだろう。私などは生きた人骨かもしれない。

アニメーション業界で技術は進化・発展している。私は一九七六年ぐらいからずっとアニメの現場で体験しているので、そのあたりから話していこう。

いま、世界中がデジタルアニメーションということで技術革新している。それはアナログ時代のアニメ制作が基盤にあり、もちろん、日本のアニメも基礎になっている。日本のアニメにはRETAS PRO（現在のRETAS STUDIO［セルシス］）システムなどいろいろなシステムがあるが、アナログ時代の用語や技術がそのままデジタル化されて継承されている。なぜデジタルのこの技術があるのかは、アナログ時代にたどっていけばわかるわけで、そういった意味でも、アナログのアニメの研究、つまりアナログの中間素材の研究は非常に重要である。

アニメーション業界の制作システムはどこの会社も基本的に構造が同じである。日本のアニメーション業界で制作技術は、東映動画を起点にしてプロダクションが設立されていくなかで広がっていった。私は最初の会社（珊瑚礁。東映動画の下請け会社）で撮影、つまりカメラマンからキャリアを始めた。制作システムは基本は同じだが、現場の状況で絶えず変わる。私は大学四年生のときに、高畑勲が監督を務めていたテレビシリーズ「母をたずねて三千里」（日本アニメーション）の制作現場に研修生のようなものとして二カ月間見学したことがあった。そのころの状況を話していこう。

通常テレビシリーズは、どのプロダクションも五、六班体制を作って、それぞれにディレクターや作画監督、スタッフがいて、ローテーションで一週間ずつ作品ができあがるように組んでいる。しかし、高畑のところは類いまれにみる方法で、テレビシリーズ全体を一本の劇場作品のように扱い、全話数のディレクターをすべて高畑がやるという方法だった。ほかに演出助手（三人）やレイアウトマン、作画監督、美術監督などがいたが、高畑と同じく全話数を担当していた。

東映動画や一般のアニメ会社のアニメの素材は、作品が終了すると、スティール出し（宣伝用）、BANK出し(1)などで残されるもの以外は全部捨ててしまう。スティールとは、作品の様子を見せるためにハイライトシーンを撮った写真のことである。私はそれを自分の勉強のためにできるだけ集めてとっておいた。

1　アニメ業界の制作システムの基本構造

アニメーション業界の制作システムの基本構造は同じだが、この源流は第二次世界大戦中に制作された『桃太郎 海の神兵』（監督：瀬尾光世、一九四五年）である。一時間十四分の作品だが、これを集団で作ったという経験をもとに、その技術が東映動画に流れていた。東映動画のアニメーターが『桃太郎 海の神兵』のアニメーターだった政岡憲三が描いた「動画講義録」のコピーを持っていたが、そこにはアニメの作り方や動画の動かし方などについて事細かに書いてあった。つまり、『桃太郎 海の神兵』の作り方が東映動画に流れていたのだ。当然、あれだけの作品を作っているので、たくさんのアニメーターや作画監督などがいて、制作システムの基本構造が統一されていたというのは間違いないだろう。制作システムが伝承されていることは、「動画講義録」を見ればわかるだろう。

戦後、東映動画を起点に、日本のアニメーション業界に次々にスタジオが設立されていく。私はスタジオ珊瑚礁でいろいろなアニメーション会社の作品の撮影をしていた。東映動画が中心だが、ほかにも竜の子プロダクション（のちのタツノコプロ）、葦プロダクション、手塚プロダクション、虫プロダクション、国際アニメーションなど、いろいろなところの撮影の仕事が入ってきていた。しかし、撮影技術や用語がどのプロダクションも全部同じなのである。それは当然、東映動画から始まって虫プロができて、虫プロから大きく広がり、その後、竜の子プロができて、そこからもスタジオがたくさん広がったという経緯があり、その過程で技術も受け継がれたのである。私はその後、一九八〇年ぐらいから、竜の子プロダクションの下請け会社であるグリーン・ボックスという会社でディレクターを始めた。その後、東映動画にまた戻って、葦プロ、サンライズ、ACCプロダクション、イージー・フィルム、エイケン、虫プロ、KnacKなどの仕事をしていった。それから九〇年以降、五年間にわたってアニメーターとして活動する。最初は竜の子プロでアニメーターの仕事を始め、その後ビィートレイン、アニメインターナショナルカンパニー（通称AIC）、イージー・フィルム、東映動画、ガイナックス、スタジオジュニオ、トムス・エンタテインメントの作品を手がけた。

こうして記憶をたどると、みんなタイムシートの書き方がほぼ同じだった。多少違うところもあるが、それはあくまでも発展型である。基本的には、東映動画の技術が用語も含めて広まっていったというのは紛れもない事実である。

制作システムの基本構造①——プリプロダクション

制作システムの基本構造は、プリプロダクション、プロダクション、ポストプロダクションの三つに分けられる。

プリプロダクションは制作に入る前の準備段階の作業のことで、まず企画書を作成する。プロデューサーがいて、チーフディレクター（監督）がいて、演出がいるわけだが、まずおおもとのシナリオを作成する。シナリオができると、美術監督や総作画監督などに発注してキャラクターデザインや美術設定をする。これがないと、シナリオをもとに作る絵コンテが描けない。キャラクターデザインや美術設定ができあがったら絵コンテの作業が始まるが、テレビシリーズだと一話につき二週間の絵コンテ作成スケジュールが与えられており、ＡＢパート両方合わせて二十一分三十秒くらいのものを二週間で描いて納める。これは、たいがいディレクターや絵コンテマンの仕事である。

前述したように、テレビシリーズにはスタッフ編成があり、ローテーションを組んでいる。一班で一話分を制作するのに約二カ月間かかるので、通常五、六班体制で毎週一本ずつ放映できるように一週間ごとに次々と完成させて納品し、放映している。

制作システムの基本構造②——プロダクション

次は、プロダクションの部分である。ここでは演出や作画監督、美術監督などが活躍する。まずレイアウトだが、実は昔はなかった。私が東映動画で演出助手をやっていたときは、いきなり原画があがってきて、それを演出助手が背景原図という形でレイアウト用紙にワンカット一枚くらいで原画の絵を赤鉛筆で描き写していた。それをまとめて、ディレクターが美術監督と打ち合わせをする。そして、その背景原図をもとに美術監督が美術レイアウト、つまり美術デザインとしてレイアウト用紙に青エンピツで背景を描き、そして、美術ボード（背景カラーサンプル）を作成する。背景スタッフが美術ボードと美術レイアウトをもとに背景を描く。しかし、その後システムが変わった。背景原図は原画マンが描くようになった。原画があがる前にレイアウト（背景原図として使用する）をあげてもらい、演出がチェックするようになった。なぜならば、原画のときにディレクターがリテークを出すと全部書き直しになることが多いので、レイアウトを先に提出するようになった。その後レイアウト制が生まれた。レイアウトもただ単にレイアウトではなく、アクションシートといってラフ原（ラフで描かれた原画）が付いた。そこをチェックしてレイアウトとしてＯＫだったら原画のほうに入っていき、やがてタイムシートに入っていくという流れである。現在のレイアウトが背景原図になったのである。

演出助手は動画をチェックする。動画がＯＫになったら原画を抜いて、動画とタイムシートを仕上げ・彩色のほうに出す。この時点で、カット袋に入れる。

仕上げの彩色は、色彩設計担当者が色を決める。その後、動画をトレスマシンを使ってセルにトレスする。その次に、動画の絵には[2]色指定担当者（色彩設計が兼任）が色の番号を書いて彩色のスタッフに渡す。彩色が終わりチェックが終わると、特殊効果担当者に回してブラシやタッチを入れる。

背景は、前述したように背景原図をもとに美術デザイナーが青鉛筆で絵を描いて背景スタッフに渡す。背景スタッフは、美術デザイナーが描いたレイアウトを画用紙に貼り付けて、鉄筆を使ってレイアウト用紙の上から描いていく。そうすると画用紙に線が入るので、それを目印に美術監督が描いた絵を引き写していき、美術ボードからサンプルの絵を見ながら絵を描いていく。

その後、セル上がりと背景上がりがあがってくる。それを昔は撮出《さつだ》し（撮影出し）といって、演出が撮影フレームの指定と最終チェックをおこなう。ちゃんと背景がそろっているかどうかをチェックするのだ。しかし、現在はこの作業はなく、背景とセルはそのまま撮影に回し、撮影担当者がチェックする。いつの間にか演出がおこなう撮出しはなくなってしまい、合理化されたのだ。

撮影完了までがプロダクションの作業である。

制作システムの基本構造③——ポストプロダクション

次は、ポストプロダクションである。ポストプロダクションとは、撮影完了後の作業のことである。ここから編集に入る。これは東映の場合だけで、おそらく東映撮影所のやり方を導入したのだろう。記録係（スクリプター）がいて、フィルム上がりを試写するときに「リテーク出し」をして記録を取り、リテーク表を演出や演出助手に渡す。受け取った演出助手はリテーク作業をする。当然、動画や仕上げ、背景などで直しが出たりすると、演出助手は走り回り、直してもらうことになる。そして、リテークの撮影に入れる。

編集作業では余計な部分をそぎ落として、放映できるようなテンポや長さになるようにつないだものを完成させる。その後、アフレコで声優が声をあてる。録音のときディレクター（東映の場合はディレクターが録音監督を務める）や監督が、ほかの制作会社ならば録音監督が、挿入する音楽を選択して、挿入場所やその長さなどを決める。最終的にダビングの段階になると、ミキサーが中心になって効果音と音楽と音声（声優の声）の三本の音を調整する必要がある。効果音が大きくなっているところや音楽などの見せ場のシーンは音量を上げるが、セリフなどが入っているときは、声が聞こえるようにほかの音を下げるなどしてバランスを調整し、最終的にテレビ放映と同じような状況を作っていく。

その後、いうなればマスターを作ることになるが、ネガ編集（映像のおおもとのネガフィルムと音ネガ）という作業がある。原版を組んで、それを現像に出してマスターをして、そして最終的に初号試写をする。その質がよほどの低さだとリテークが出ることもあるので、そうならないよう完成させなければならない。

完成後、スタッフ試写をして放送局に納品完了後に中間素材が出る。まず、撮影から戻ってきたものからBANK出しをする。BANK出しとは、ほかの話数で使うことがありそうな素材をキープすることである。あとは、スチール出しをする。デザインセンターが東映にあるので、宣伝用として、その話数の内容を示す背景とセルをくっつけてホッチキスで止めたものを提出する。それ以外のセルや背景、動画は全部廃棄してしまう。

2　高畑勲監督の制作システム

高畑勲監督の制作システム①

池田宏と高畑勲は友人同士で、東映動画時代からずっとつながりがあり、池田が『どうぶつ宝島』(一九七一年)や『空飛ぶゆうれい船』(一九六九年)の監督をやっていたときも付き合いがあり、宮崎駿なども同じスタッフだった。池田は私の大学時代の恩師である。池田が私を高畑に紹介してくれて、制作現場を見ることができた。大変感謝している。

最初に述べたとおり、私は高畑のそばで二カ月間くらい見学をしていて、時期的にはちょうど『母をたずねて三千里』(一九七六年)のころで、毎週日曜日三十分の番組を合計で五十二本放送した。原作はエドモンド・デ・アミーチスの『クレオ』という作品である。スタジオは東京・聖蹟桜ケ丘にある日本アニメーションのなかにあって、これは昔『ハレンチ学園』(一九七〇—七一年)というテレビ番組があり、そのセットを買い込んで使ったため、グラウンドがあって、小型の学校のようなところだった。その二階部分に高畑のスタッフがいた。

テレビシリーズは毎週一本ずつ放映されていたが、それを高畑一人で全話数の演出を担っていた。脚本もライターが一人で、それは宮崎や小田部羊一の力があったからだと思う。宮崎は全話数のレイアウトすべてを毎週一話ずつ描いた。作画監督の小田部は、夫人の奥山玲子も手伝って作画監督をやっていて、みんな東映動画出身だった。

NHKテレビドラマ『なつぞら』(二〇一九年)に「なっちゃん」として出てきたアニメーターがいる。「なっちゃん」は奥山玲子がモデルである。物語のなかでは高畑と奥山が結婚したかのようになっているが、実は奥山の夫が小田部で、小田部がテレビシリーズ全体の監修をやっていたのだ。そのほか、椋尾篁や保田道世などもいたが、奥山は七十歳くらいで亡くなり、椋尾も亡くなってしまった。色彩設計の保田も七十七歳で亡くなった。このようなスタッフで体制を組んでいた。

高畑勲監督の制作システム②

一週間に一話ずつ、まずシナリオの打ち合わせをして絵コンテのチェックをする。絵コンテは高畑を含めて四人が担当していたが、そのなかには『機動戦士ガンダム』(一九七九—八〇年)の監督・富野由悠季も参加していた。実は、富野は私の出身大学の先輩にあたる人で、前の年の学園祭のとき、企画卒業生作品展で富野の作品を上映し、そのときに富野に直接会ってインタビューをしたことがあった。そして、偶然にも高畑の絵コンテ打ち合わせのときに会って、お互いビックリしたということがあった。

いまから思い起こせば、とんでもないスケジュール体制だ。毎週一話ずつ絵コンテマンが描いた絵コンテが上がってくる。一話あたり三百から四百カット近いカット数を高畑が全話一人でチェック修正していた。

それから、高畑の仕事には作画打ち合わせもある。これは原画打ち合わせで、絵コンテは小出しに少しずつチェック修正する。できたら、即打ち合わせをやっていた。その後、仕上げ打ち合わせ、背景打ち合わせ、編集打ち合わせと続く。

このような数の仕事があって、本来ならばディレクターが二カ月かけて少しずつやっていくものを、高畑はたった一人で毎日五本から六本の話数を掛け持ちして、演出をこなしてきた。驚異的な仕事量だ。

高畑勲監督の制作システム③

制作システムで考えるならば、高畑の机の近くに重要なスタッフの机があり、それらは二階の部屋にあった。宮崎は毎週一本（一話）ずつレイアウトをあげて、小田部は毎週一話分の作画監督と原画チェックをしていた。奥山玲子も、小田部の隣で手伝っていた。高畑がいて、その左に小田部がいて、その隣に奥山がいた、という配置だった。その近辺に動画チェッカーたちが座っていた。演出助手が三人いて、仕事の補佐をしていた。動画打ち合わせなど（仕上げ打ち合わせをしていたのかは曖昧）、細かいことはみんな助手に任せていた。

美術監督の椋尾は三階にいて、毎週一本ずつ背景を描いていた。ただ、どこかに外注を出していたとは思う。仕上げと色彩設計には保田がいて、こちらにも遊びにいったりして思い出がある。

一階には編集室と制作室があった。制作室は広い部屋でカット袋の棚がずらりと並べられていた。聞くところによると、だいたい一話あたりの動画数は六千枚前後、多いときは八千枚で作っていたという。そのころの予算は、その二年前に放映していた『アルプスの少女ハイジ』（一九七四年）の予算表を参考にした。そこには、総額八百万円と書いてあったが、そのころはそんな金額で作っていたのだ。

校庭にはホンダのシビックが四、五台並んでいて、進行係が絶えずその車に乗って動き回っていた。あと、このころはコピー機がないので青焼きだった。『母をたずねて三千里』第二話の、高畑が描いた絵コンテを持ってきた。高畑自身は絵がそんな描ける人ではないので、清書は宮崎駿あたりがちゃんときれいに仕上げている。見ると、このころすでにシーンナンバーは省略していて、カットナンバーの通しで書かれている。

3　カットナンバーの付け方の検証

カットナンバー付けを検証してみた。『母をたずねて三千里』は、すでにシーンナンバーを廃止していた。一九七六年の話である。富野も『母をたずねて三千里』の絵コンテを描いていたので、当然『機動戦士Zガンダム』(一九八五―八六年)、『機動戦士ガンダムZZ』(一九八六―八七年)は通しナンバーだった。私が描いた『Zガンダム』最終話前篇の絵コンテは、通しナンバーである。『Zガンダム』のあとの『ZZガンダム』という作品も通しナンバーだった。東映動画のテレビシリーズでは、『ドラゴンボール』(一九八六―八九年)にはまだシーンナンバーが入っている。それから、東映動画の劇場版『銀河鉄道999』(監督:りんたろう、一九七九年)の絵コンテは、シーンナンバーとカットナンバーが書いてあった。この絵コンテを描いたりんたろうは、きれいな絵を描く人である。富野の絵もうまくて速いが、りんたろうは少しずつ絵コンテを描く人で、一枚一枚、字そのものもレタリングしてあった。それから、私が監督を務めた教育ビデオである東映動画歴史ビデオ『ASUKA鎌倉武士～元との闘い～』(一九九一年)にはシーンナンバーが入っている。あと、東映動画テレビアニメ『北斗の拳2』(一九八七―八八年)は通しナンバーでシーンナンバーはなかった。

おわりに

何かを調査するとき、第一級の現物があれば助かるので、今後も中間素材をできるかぎり集めたいと思っている。制作の流れは、現場は適材適所なのである。例えば、私が絵コンテで関わった劇場作品『11人いる！』（監督：山崎哲／冨永恒雄、一九八六年）という萩尾望都原作の作品は、制作時間がなくなってしまったので、絵コンテマンを五人ほど集めて絵コンテを一気に描き上げたというこどがあった。高畑も体制を変えて、全話数の演出処理をたった一人で毎週あげていった。このように、工夫しながら制作しているという跡がうかがえる。

注

（1）BANK とは、他の話数でも使用できるように、セルや背景、動画などを保管しておくシステムである。保管された素材を BANK という。

（2）動画用紙に描かれた動画の絵のこと。

第2章

アニメ・アーカイブにおける音響素材の位置

山川道子

1　プロダクションI.Gでのアーカイブの発端

私は二〇〇一年に制作進行としてプロダクションI.G（以下、I.Gと略記）に入社した。会社が十五周年のイベントをおこなうときに広報の部署ができて、そこで過去の資料を整理して本にしたり、イベントで上映したりという仕事をしたのがアーカイブのスタートになった。

その後、広報は解散してしまったが、アーカイブという部署自体は残り、専任になって現在に至っている。「アニメーション・アーカイブ」というのはまだ始まったばかりで、どういうものが必要になっているのか、いったい何が作られているのか、まさに渡部英雄さんが発表したような、東映アニメーションとその後派生したタツノコプロやI.Gのように、のちにどういうものになっていったのかを、いま情報収集しているところである。二〇一六年に文化庁の補助金で、『アニメーション・アーカイブの機能と実践――I.Gアーカイブにおけるアニメーション制作資料の保存と整理β版』という、I.Gでどういうことを考えて、何を残して、どう選別しているのかをまとめた資料を出した。

2 制作工程での音と作画

制作工程をざっと俯瞰すると、「作画」や「レイアウト」「仕上げ」などに分けられる。そのなかに、「声優」や「音響」という部分がある。広報活動でイベントに参加するケース、また、商品を作る場合、作るといってもI.Gがというよりは、音楽出版といわれる音楽・音をメインに商品化しているメーカーが声優のドラマCDを作ったりしている。

そして制作現場が深く関わるのは「アフレコ」である。声を録り、映像とミックスするための

「素材録り」をする。音響会社がそのアフレコの現場になるが、アニメーション制作工程の全体の流れ、企画から納品までの流れのなかで、ピンポイントで「音」というのが入ってくる。

プロダクションI.Gのアーカイブとしては紙資料を扱うことが非常に多い。原画の絵、それを直す作画監督の絵、別に演出家の絵もあるが、演出の指示や、また原画をクリーンナップした動画がある。動画の線、これがテレビや映画館で見る実際の線である。

そして「レイアウト」がある。実は現在は、第一原画、第二原画のなかにそのレイアウトの作業が紛れていて、はっきりとレイアウトとして描かれる機会は減ってきている。また3DCGで起こす場合も出てきている。したがって、いま「レイアウト担当が描いたレイアウト」というのはCGの線に置き換わっているケースもある。そして「タイムシート」。これは撮影をする際の、どのときにどういう絵を使うのかという「動きの指示」がメインに書かれている。それらが一つの袋に入って「カット袋」になる。

いまは色を塗るところからはすべてデジタルでおこなっていることが多いので、まさにキャラクターの部分をデジタル着色と表現している。動画をスキャニングして二値化し、それに色を塗ったものをセルと呼ぶ。昔はセルロイドといったのでセルなのだが、最終的にはアセテートフィルムという、映画のフィルムと同じ素材になっている。しかしいまはもうデジタルになっているので、Photoshopの「レイヤー」と同じ考えである。背景画はいまだに紙に描いている場合もあるが、スキャニングをして補正をかけ、データで納品するのが基本である。したがって「撮影」と呼ばれる部署（いまはパソコンでの「コンポジット」だが）ではこのセル画のレイヤーの部分、そして背景のレイヤーの部分を合成して一つの絵にする。これがコンポジット、撮影の仕事になる。撮影はそれだけではなくて、昔の撮影も「波ガラスで光を入れる」などしていたが、光やエフェクトを加える。それらのデータは、I.G の場合は制作用のサーバーに保存しているが、かなり強固にバックアップもとっている。そこからアーカイブのサーバーに移動し、のちにハードディスクで二重バックアップをとり、さらにLTOのテープでハードディスクのバックアップをとってアーカイブをしている。

作画は、人の身長とほぼ同じぐらいの紙が三十分のアニメーションで発生する。そのため当然、作り終えると置き場所がないので捨てることになる。

3　キャラクターの声の選択と演出

「音」の話に入っていこう。

まず企画が動きだすときに、声優ありき、役者ありきという作品もあるが、多くの場合はキャストは決まっていない状態である。そこからどうやってキャストが決まっていくのかというと、大きく三つある。

一つ目は「音響監督」あるいは「録音監督」、その専門の監督にまずは選んでもらってピックアップしたものを最終的にアニメーション監督が決める、という場合がある。

この録音監督、音響監督というのは、録音スタジオに所属している場合と、フリーで自身の会社をもって活動している場合がある。

スタジオジブリの作品を多く手がけている若林和弘監督は、押井守監督とペアで仕事をする機会が非常に多いが、かつてはフォニシアという会社を設立して、そこで自身が録音スタジオと交渉して決めて、そこに入って作業をしていた。また、多くの録音スタジオにはメインの監督がいるので、エンドクレジットを見ると、どのスタジオで録ったのかがすぐわかる。

二つ目に、声優事務所をメインでまず決めて、その事務所のなかでキャストを決めていくというケースがある。近年では、マウスプロモーションという大手の事務所の大塚明夫、田中敦子に「攻殻機動隊 STAND ALONE COMPLEX」シリーズ（二〇〇二年―）で大変お世話になっている。マウスプロモーションはスタジオマウスという独自の音響スタジオをもっていて、非常に録り回しがしやすいし、また、すぐにスタジオで声が録れるという利点を生かして作業をしている。

千葉繁や郷田ほずみなど、声優のなかから音響監督や録音監督になるというケースも多々ある。声優という観点から説明すると、役者に対してどういう演技を求めるのか、そのためにどういう言葉をかければ求める演技を引き出せるのかをいちばんよくわかっているという点で、声優が監督になるケースが出てきているという。

三つ目に、アニメーションの監督が主導して、監督自身が声優を決めていくことがある。また、アニメーションの監督がそのまま音響監督・録音監督を兼ねるというケースがある。東映アニメーションがまさにそれに当てはまるが、I.G関係でいうと、昔、ビィートレインという会社があり、そこの真下耕一監督は自身が音響監督を兼ねるというスタイルで録っていたこともある。

このスタイルのメリットは、監督がそのままきちんと指導ができると、自身の演出がけっこうストレートに表現できることである。またデメリットは、制作現場としては「絵」を見てもらいたいのだが、録音スタジオにあまりこもりっきりでそちらに力を割かれていると、絵のほうのスケジュールが遅れるということもあるので、しっかりとした制作現場があって、流れがしっかりできている場合、またその監督が非常に処理能力が速い場合は三つ目の方法が可能になると思っている。いまはスケジュールが短くなることもあり、日本のアニメーションのなかでは、最初に話した音響監督主導で物事が進んでいくというのが主流である。今後、アニメーション制作方式の変容によって変わるかもしれないが、そこはとても日本的である。

4　音声をアーカイブするには

音声をアーカイブする場合に、キャスティング用のオーディションの音声はどこで保管されるのだろうか。たまたまI.Gに届いたもの、I.Gが主導で作っていたようなオリジナル作品は、当時はMDやカセットテープ、CDで届いたものはそのままの状態や音を取り出して残していたが、多くは、音響監督や監督の手元で残るか、もしくは破棄されているのではないだろうか。あるいはプロデューサーのところで破棄すると思われる。

キャラクターソングやドラマCD、オープニング・エンディングのCDは、そこに声優が関わっていた場合には、アニメ制作会社ではなく、音楽を作っているメーカー側に原版が残る。したがって制作会社は原版を保有できない。しかし、版権画をI.Gが描いているので、商品CDは残っているという状態になる。

次に、アフレコについてお話ししよう。まずは、アフレコ現場で声優の声を収録する。その後、音響監督と音響スタッフが映像と合わせて、ずれている場合はリテーク、その場でもう一回録り直す。現在は役者にその場でリテークを出すというよりは、パソコンで修正するというケースも出てくる。そこで使われているのはPro Toolsというソフトで、中身はWAVの音声である。このデータが編集の段階で使われる。最終納品の段階では、映像と音声のタイムカウンターがぴったりと合っている状態なので、逆に声だけ、例えば「おはよう」という声だけをもう一度使いたい場合には、Pro Toolsのデータのなかに入っているWAVデータをもう一回使うことも可能になる。

「制作会社」の「制作」は、現場のことを指す。現場には、音だけのデータは基本的には届かない。音だけのデータは音響スタジオまで、音響監督の手元までである。制作会社には最終的につながったものだけが届くという状態である。

アフレコスタジオが倒産しているケースも見受けられるが、そこに残っていたデータはすべて破棄されているのではないだろうか。どこかで救出できる手立てがあるのかどうかや、声優が所属する俳協（東京俳優生活協同組合）のようなけっこう大きな団体はあるものの、横の連携や音素材を最終的に誰がどう救出するかは議論されていないので、将来的なアーカイブの問題になるだろう。

また、見逃されがちだが、絵コンテをもとにしてアフレコ台本を作る業者がある。その業者にコンテ発注・アフレコ台本発注のために絵コンテを渡して、そこからアフレコ台本が作られる。何も書かれていないノーマルな台本に、アフレコ現場で声優が自身でセリフを付け足したアドリブや、監督がこのシーンをなくす、このセリフはなくす、こういう芝居をさせるというふうに書き加えた部分を、アフレコ現場のスタッフがその場でアフレコ台本に記入していく。この手直ししたものを完成台本もしくは修正台本と呼んでいるが、「修正」などと書いて一冊だけ作る。海外市場向けの台本を作るときには、この修正した台本を送る。

アフレコ台本が残っていればいいのかというと、そうではない。完成台本が残っているかどうかが重要である。過去にもあったが、もし残っていなかったら、海外に渡す前に映像を見ながら台本を作り直すことになる。そしてそれをスキャニングしてデータを送る。これは『イノセンス』（監督：押井守、二〇〇四年）のときに経験したことである。

最近ではこの紙の完成台本がなくて、修正された部分だけをスキャニングしたデータが完成台本というフォルダのなかに入ってくる場合があった。また、そもそも予算の関係でアフレコ台本を作らないこともあった。したがって、アーカイブに収蔵するためのアフレコ台本を手に入れたい場合には、ノーマルか完成か、そもそもデータか、それとも修正の部分だけのデータかを確認しないと取りこぼしが起きる。

こう考えていくと、個人で仕事をしている音響監督もいるなかで、どこがどのように保管していくことがベストなのだろうか。I.G は届いた状態のものは残している。もしかすると取りこぼしがあるのではないかという恐怖と、また、保管できていない作品もあるので、ルーティンワーク化する方法があればいいと思う。

5　プレスコとアフレコ

アフレコはアフターレコーディング、映像ができたあとに映像に合わせて声を録るが、プレスコは先に声を録っておいて、それをもとに作画上でキャラクターに芝居をつけるというやり方である。ディズニーでよくおこなう方式であるし、日本でも何作品か例があるが、多くはない。なぜプレスコをしないかというと、作画への負担が大きくなるからである。日本の声優は非常に技術が高いので、絵に合わせて声を出すことができる。「拍を合わせる」というが、そちらに依存してしまっている部分もあるだろう。

ビデオは一秒間に三十フレーム、あるいは六十フレームからなっている。アニメーションは一秒二十四コマで描かれている。これは映画技術からきている。昔は「30フレームタイムシート」というのもあったが、結局二十四コマに戻った。声優の声を聞きながら、それを二十四コマに落とし込んで作画するのは時間がかかってしまう。その時間のスケジュールが日本では取りづらいということもあるし、それなりに能力も必要になる。声優が声を合わせてくれるということを考えると、日本ではアフレコが多い。ただ近年、作画が間に合わず、音が先にできてしまって、結果的にプレスコになったという場合もある。

6 作画の負担軽減と演出

つい見落とされがちな作画の負担だが、負担軽減のために演出も変化している。例えば口を隠していれば、キャラクターの口の動きを合わせる必要がない。『新世紀エヴァンゲリオン』(一九九五―九六年)の碇ゲンドウがそうで、彼がどうして手を組んで口を隠しているのかというと、口の作画をしなくていいからである。あとは後ろ向きでしゃべったり、また、とにかく「ワー」とたくさんしゃべると口は「パクパクパクパクパク」していれば拍が合ってないように見えないなど、いろいろな工夫があるのだ。演出側にも変化が出てきている。

その一例として、文化庁事業として作られた作品で二〇一二年に劇場公開した『わすれなぐも』（監督：海谷敏久）の絵コンテとタイムシートをみてみよう。絵コンテの「カット41」の下のほうに「手袋をしろ」と書いてある。この部分のタイムシートにも「てぶくろをしろー」と書いてある。

タイムシートの左端のＡＢＣＤＥと記された欄が原画番号を書くところで、どの原画を入れるかの指示である。その右に書いてある番号は、原画と原画の中割りである動画の何番目なのかを示している。この場合は、６コマのなかでどう動かすかを書いている。

こういうタイムシートに当てはまるように作画を描いていて、描かれた映像に声優の声をあてている。そうすると、そもそも絵コンテの段階でどう描かれているのか、それが原画担当の手か演出家の手によってタイムシートにどう書かれていて、役者がそれをどう芝居したのかがわかる。最後のゴールが役者の芝居だとすると、芝居をさかのぼるためにはこの絵コンテやタイムシートが同時に必要になるのではないだろうか。つまり絵コンテ、タイムシート、声優の芝居の連動は、アニメの資料が世の中に出ないことで見逃されているように思う。

7　声のアーカイブの課題

「死後の復活」という話は、アーカイブにとっては非常に大きな問題である。二〇〇六年の劇場版『機動戦士ZガンダムⅢ――星の鼓動は愛』（監督：富野由悠季）で、井上瑤が（すでに亡くなっていたが）一カットだけ出演していた。そのシーンは過去のアーカイブにあった音声を再利用していて、当時非常にセンセーショナルだった。一九年、『スター・ウォーズ――スカイウォーカーの夜明け』のなかではレイア姫というメインのキャラクターを演じたキャリー・フィッシャーはもう亡くなっていたのだが、この作品の一つ前に撮影した未使用だった映像をつなぎ合わせてCG技術によって再現された。別の役者が演じたところに、顔だけ過去に出演した映像からCGを作って貼り込んだのである。倫理的な問題や権利問題などがあるが、アーカイブに声優の音声を残して、声優の記録を残していくこともあるかもしれない。その場合、将来的に同じ要求が出かねないからこそ残そうという話にもなりがちだが、動画や背景も自動生成しようという話が出てくるなかで、アーカイブに残った声優の声も使い回しすることもあるだろう。そうなると役者の収入源という問題も出てくる。

役者が演じた声というのは所属事務所、音響監督の下に集まりやすい。役者の歌は音楽出版、メーカーに集まりやすい。サウンドトラックについても同じである。制作会社に断片的に届く場合もあり、また出資者の制作会社には完成品が納品されている。

最後に一つ。いま研究者たちが取り扱うものとしてどういうものを残すべきなのだろうと考えるとき、Pro Tools のデータは専用ソフトのため使いづらい。WAVやMP3など一般的なデータであれば使いやすいのではないだろうか。また音声データだけではなく声優、音響関係、作画、演出などの周辺情報データの何を残すべきかというところを提案したい。

第3章 新潟大学でのアニメ・アーカイブの研究活動

鈴木 潤

はじめに

アニメ作品が制作される過程では、原画や背景画、セル画をはじめ、脚本や絵コンテなど数多くの中間素材が生み出されている。新潟大学アニメ・アーカイブ研究センターでは、それらの「アニメ中間素材」を整理・分析してデータベース化するとともに、デジタルデータとして保存する取り組みをおこなっている。同センターには、アニメ作品の制作過程で生み出されたあらゆる資料、例えばセル画などのように、完成作品として、あるいは展示会や書籍化といった機会を通じて公開されるものだけでなく、脚本の準備稿や打ち合わせ時のメモなど、外部には公開されないものも数多く保管されている。特に後者は、完成作品からは読み取ることができない制作のプロセスや、現場での試行錯誤の痕跡を読み解く手がかりになりうる。現在、同センターで取り扱っているアニメ中間素材は、一九六〇年代後半から九〇年代の作品のものが中心であり、圧倒的に紙媒体の資料が多い。

本章ではまず、アニメ研究以外の領域で、紙媒体の資料がどのようにアーカイブとして保管され、デジタル化されているのかを確認する。特に、マンガ原画はアニメ中間素材により近い領域の資料であり、そのデジタルアーカイブ化の試みは、アニメ中間素材を取り扱うにあたり、多くの示唆を与えてくれるものである。そのうえで、同センターのアーカイブ活動の詳細と、現在の課題点を報告する。

1　紙媒体の資料のデジタル化への取り組みと活用例

紙媒体の資料を、スキャナーやデジタルカメラを用いてデジタル化する取り組みの例として、ここでは国立国会図書館のデジタルコレクションを取り上げる。図書、雑誌、文書など、紙媒体だけでも非常に幅広い種類の資料をデジタル化し、公開しているコレクションである。

国立国会図書館が作成・公開している『国立国会図書館資料デジタル化の手引 ２０１７年版』では、アメリカのワールド・デジタル・ライブラリーなど、国外の資料館・図書館が資料をデジタル化する際に採用する画像のフォーマットを紹介している。それによると、保存用と提供用の二種類の画像データを作成し、保存用の形式にはＴＩＦＦを採用、あるいは推奨している施設が多い。[1]また手引によると、画像の解像度は、オランダ王立図書館のように「資料類型、求められる品質レベル」によるとする施設もあるが、原資料に対して三〇〇から四〇〇 dpi 程度が許容あるいは推奨されていて、手引を作成した国会図書館では、保存用として原資料に対して三〇〇から四〇〇 dpi の解像度でスキャンし、それを圧縮して提供用の画像を作成しているという。[2]解像度に関しては、原資料の種類や状態と、想定されうるデジタルデータの活用方法を勘案して、デジタル化する際の形式を決定していると考えられる。

2　マンガ原画のデジタル化の例

次に、アニメ中間素材により近い領域の資料として、マンガ原画をデジタル化する取り組みについて、二つの例を挙げよう。

一つ目は、京都国際マンガミュージアム、京都精華大学国際マンガ研究センターなどが連携した、二〇一九年度文化庁メディア芸術連携促進事業共同事業「マンガ原画に関するアーカイブおよび拠点形成の促進」である。この事業の一環として、マンガ原画アーカイブマニュアル部会が、マンガ原画のアーカイブ作業に関する報告書『マンガ原画アーカイブマニュアル』をとりまとめて公開している。マニュアルでは、秋田県の横手市増田まんが美術館など、マンガ原画を所蔵する施設でのデジタル化の際のフォーマットを紹介しているが、ファイル形式や解像度も施設によって大きく異なる。マニュアルによると、例えば、横手市増田まんが美術館が一二〇〇 dpi のＰＳＤ形式で画像データを作成している一方で、福岡県の北九州市漫画ミュージアムは六〇〇 dpi のＴＩＦＦ形式で作成しているという(3)。

二つ目は、京都精華大学国際マンガ研究センターの「原画，（ダッシュ）プロジェクト」である。原画，（ダッシュ）は、「世界に一枚しか存在」しない、「マンガ原画の保存と公開」を両立させることを目的とした研究プロジェクトであり、デジタルデータを活用して、「描線の濃淡や色彩の階調など微妙な細部まで再現し、原画と並べても見分けがつかない程の精度」の特別な複製原画の制作を可能にしている(4)。「原画，（ダッシュ）プロジェクト」のウェブサイトによると、展覧会での展示のために美術館や資料館に対して販売・貸出するだけでなく、「作家や著作権者の許可があるもの」に関しては、一般のファンに対しても一作品十万円で販売しているという(5)。

先に挙げた『マンガ原画アーカイブマニュアル』は、近年はマンガ原画の経済的な価値が上昇しているという状況を指摘している。[6]例えば、集英社が開催したイベント「ジャンプフェスタ'21 ONLINE」（二〇二〇年十二月十九日—二十日）では、『鬼滅の刃』（吾峠呼世晴）などの人気作品の高精度の複製原画を、受注生産の高価なコレクターズアイテムとして販売していた。[7]

また、カラー原画だけでなく、マンガ本編の原稿も販売していたが、「週刊少年ジャンプ」（集英社）本誌に掲載された原稿の複製と、のちに単行本に収録された原稿の複製とで、販売価格が十倍以上も異なっていたことは興味深い。例えば、『ハイキュー!!』（古舘春一）の最終話が掲載された「週刊少年ジャンプ」誌上では、本誌掲載原稿の複製を三千八百五十円で販売していた。[8]それに対し、同じ最終話の単行本収録原稿の複製は、「ジャンプフェスタ'21」では「高級複製原画シリーズ」として、四万六千二百円で販売された。このようにマンガ原画は、その複製が手頃な価格で手に入れられる商品としても、高価で特別な商品としても販売されているのである。

元来は出版物の版下という位置づけだったマンガ原画をアーカイブとして整理・保存し、活用するための環境が、京都精華大学国際マンガ研究センターやマンガ原画を所蔵する全国各地の資料館・美術館が連携しながら整えられつつあるのに対して、アニメ中間素材はどうか。アニメ制作の当事者であるプロダクション I.G のアーカイブグループのように、自社作品の中間素材をデジタルアーカイブ化している制作会社もあるが、大学などの研究機関や美術館、そして制作会社が参加する連携体制はいまだ整備されておらず、個々の施設や会社が、あるいは個人が、それぞれのやり方で中間素材をアーカイブとして保存しているのが現状である。

3　アニメ中間素材の活用例

前節では、アニメ中間素材により近い存在としてのマンガ原画がデジタル化・アーカイブ化され、その成果が複製原画のような形で活用される例を取り上げた。しかし、ここで考えなければならないのは、マンガ原画とアニメ中間素材との違いである。

マンガ原画は、基本的に、一人の作家の名に帰されるものである（ただ実際、多くの場合は作家だけではなく、アシスタントたちの協力のもとで作り上げられるのではあるが）。それに対してアニメ中間素材は、その多くが無数のスタッフによって書（描）かれ、現場でコピー・共有されるものである。アニメ中間素材が「誰々が書（描）いた」という点で注目されることは、ごく一部のクリエーターを除いてほとんどないだろう。しかしその一方で、原画集や絵コンテ集、設定集などとして、膨大なアニメ中間素材の一端に一般のアニメファンが触れる機会も増えつつある。

二〇一九年に発売された『白蛇伝』（東映動画、一九五八年）のブルーレイボックスの例を挙げてみよう。４Ｋにデジタルリマスターされた本編映像だけでなく、復刻された絵コンテや台本、パンフレット、現存する資料を活用したブックレットなどが付録として同梱された。だが絵コンテはＢ

5サイズに縮小されたものであり、字や絵を明確に読み取ることは容易ではない。また、一九年に公開・発売された『名探偵コナン　紺青の拳《フィスト》』(東宝)のDVD・ブルーレイ豪華版の特典には、アフレコ台本の縮刷版レプリカが同梱されていた。DVD・ブルーレイの紹介ウェブサイトでは「最終アフレコ台本」(9)と紹介されているが、このレプリカ台本上では「欠」と記載され、斜線が引かれている場面が完成作品には登場していて、「欠」という書き込みがどのような意味をもつのかを、このレプリカ台本だけでは判断することができない。

このように、アニメ中間素材も様々な形で公開されるようになってきている。しかし、それらをそのままアニメ研究に活用することができるかというと、必ずしもそうではないのである。アニメ中間素材はマンガ原画以上に量も種類も膨大であり、そのすべてを展示することも商品化することも現実的には難しいだろう。

アニメ中間素材とは、映像ソフトのパッケージなどのために使われる版権絵のオリジナルや、画面上で観客の前に提示される映像のもとになる原画や動画、セル画だけを指すものではない。企画書や、内容が見直されお蔵入りになってしまった脚本準備稿、映像では一瞬しか映らない小道具の詳細、建物の構造など、企画段階から実際に作品が完成し、我々観客に公開されるまでのすべての過程で生み出された資料を指す。当然、そのなかには部外者に公開されることを前提としない資料も数多く存在することになる。現場で働くスタッフに記載内容が伝われば十分であり、美しさや、業界外の人々に向けた「わかりやすさ」は意識されていない。

アニメ中間素材は、作画や音響など、アニメ制作に携わるあらゆる部門で膨大に発生することになるが、そのために、完成作品からでは読み取ることができないアニメ制作の過程をつぶさに映し出す資料になるのである。

4 アニメ中間素材が示すもの——竹田コレクションから

現在、新潟大学アニメ・アーカイブ研究センターでは、東映動画（現・東映アニメーション）で演出などを担当していた竹田満氏が所蔵していたアニメ中間素材（以下、竹田コレクション）を預かって、劣化による損傷などの対策としてデジタル化作業を進めている。竹田コレクションは『少年忍者風のフジ丸』（東映動画、一九六四―六五年）や『レインボー戦隊ロビン』（東映動画、一九六六―六七年）など、一九六〇年代後半のアニメ作品の中間素材が中心になっている。特に『太陽の王子ホルスの大冒険』（東映動画、一九六八年）の中間素材からは、完成作品に至るまでに何度も脚本が改められていたことを確認できるなど、制作過程の詳細をうかがい知ることができる。

例えば、『太陽の王子 ホルスの大冒険 PART.2』の絵コンテには、その場面にどのような映像効果をつけるか、具体的なアイデアを記したメモが貼り付けられていた。『太陽の王子 ホルスの大冒険』の絵コンテは、二〇一九年の東京国立近代美術館を皮切りに、各地で開催されている『高畑勲展――日本のアニメーションに遺したもの』でも展示しているほか、徳間書店から『太陽の王子ホルスの大冒険』(スタジオジブリ絵コンテ全集第II期)として発売されているが、それらではこのメモ書きを見ることはできない。竹田コレクションには、このほかにも、演出助手を務めた竹田氏自らによると思われるメモなどが随所に書き込まれている。このことから、アニメ中間素材は、たとえ物は同じだったとしても、それを実際に使っていた人物の立場や現場で務めた役割によって、異なる観点からの書き込みがなされるものだとわかる。そして、我々はそれらの書き込みから、完成作品に至るまでの試行錯誤の痕跡を、様々な視点から読み取ることができるのである。アニメ中間素材のアーカイブ化と、国内外の研究者がその蓄積にアクセスできる環境を整えることによって、アニメ研究の可能性をさらに広げ、その成果が社会に還元されることが期待される。

5 新潟大学アニメ・アーカイブ研究センターにおけるデジタル化の実践例と課題

新潟大学アニメ・アーカイブ研究センターでは、非接触型スキャナーである富士通のScanSnap SV600と、フラットヘッドスキャナーであるエプソンのDS-50000を使用している。前者は主に、アフレコ台本などの製本された中間素材をデジタル化する際に用い、後者は原画をはじめ、とじ紐やホチキスなどを使って簡易的にまとめられた中間素材をデジタル化する際に用いていて、多くの

表1　新潟大学アニメ・アーカイブ研究センターで使用している機材と設定

	オープンヘッドスキャナー（富士通 ScanSnap SV600）	フラットヘッドスキャナー（エプソン DS-50000）
ファイル形式	PDF	PDF ※ただし、セル画や背景画はTIFF形式でもスキャンする
解像度	カラー・グレー　600dpi 白黒　1,200dpi ※「エクセレント」設定	350dpi ※のちに400dpiに変更
その他設定	圧縮度は「1」	ドライバによる自動露出・色補正の設定はオン
対象となる中間素材の種類	アフレコ台本など製本された中間素材	製本された中間素材以外のほぼすべて

資料は後者の機材を使用してスキャンしている。ScanSnapでの作業時には、画質の設定は「エクセレント」（カラー・グレー、解像度六〇〇dpi／白黒、解像度一二〇〇dpi）、ファイル形式はＰＤＦを採用している。DS-50000での作業時には、画質の設定は解像度三五〇dpi（のちに四〇〇dpiに変更）、ファイル形式はＰＤＦを採用している。ＰＤＦ形式を採用したのは、絵コンテや脚本など、ときには百枚を超える紙が冊子状にまとめられた中間素材をデジタル化するにあたり、「一冊」という保存状態をデータ上でも維持できると考えたからである。また、ＰＤＦはAdobe社のAcrobatなどのソフトウェアを活用することで、一枚一枚をＴＩＦＦやＪＰＥＧなどほかのファイル形式に変換することも容易であり、デジタルデータを活用する様々な場面に対応でき、利便性が高い形式だったことも、採用した理由の一つである。[10]

だが、デジタル化作業をおこなう際の機材の設定に関し、同センターでは以下のような課題を抱えてもいる。

一つ目の課題は、デジタルデータの色合いと、資料の可読

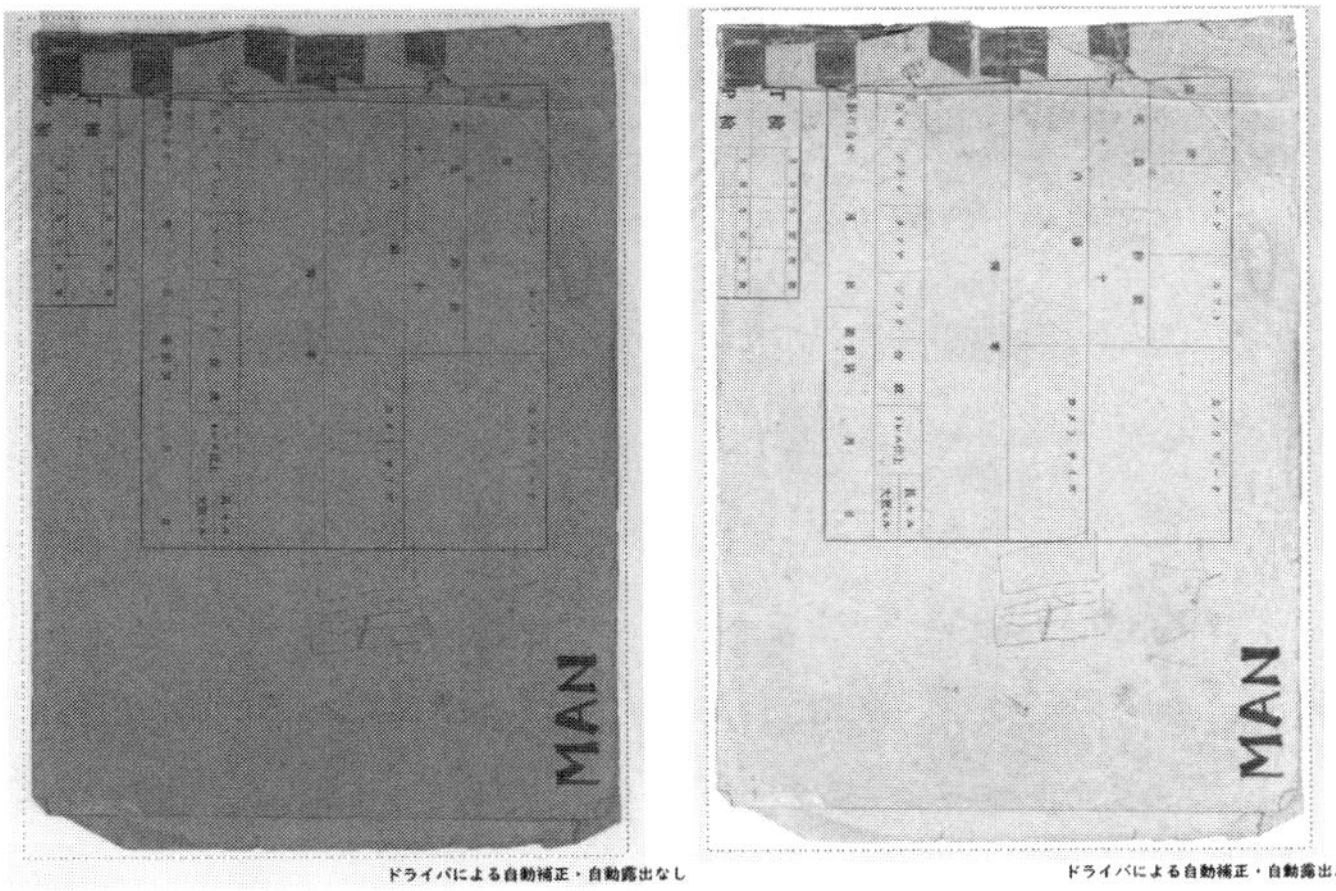

図1　『太陽の王子 ホルスの大冒険』の絵コンテの表紙（提供：竹田満氏）

性とのバランスである。

図1は竹田コレクションの一つで、カット袋を利用して作られた絵コンテの表紙を、スキャナー（エプソンDS-50000）を用いてデジタル化したものである。左側はドライバによる自動色補正・自動露出を用いずにスキャンしたもので、右側は色補正・露出ともに自動でおこなってスキャンしたものである。設定一つ変えるだけで、できあがる画像データにはこれだけの明るさの違いが生じることがわかる。中間素材のなかには、ペンではっきりと書（描）かれた情報もあれば、鉛筆で走り書きのように薄く書（描）かれた情報もある。画像が明るくなりすぎても、暗くなりすぎても、書き込まれている情報の可読性を下げることになりかねず、それではせっかくの画像データを、研究に活用することができなくなってしまう。

二つ目の課題は、フォーマットについてである。

笠羽晴夫は「将来の使用目的にあわせた解像度を確保」することと「できるだけ単純なフォーマット」を保持することの重要性を指摘しているが(11)、JPEGやTIFF、PNGなど、それぞれのファイル形式にも一長一短があることはいうまでもない。解像度についても同様で、最高解像度の画像データを作り上げても、データサイズが大きくなりすぎてしまい、ファイルを開くのさえままならない状態では、研究に活用することはできない。

これらの課題は、「アニメ中間素材のデジタルデータを、どのように活用することができるのか?」という、アーカイブの根幹に関わる問題と深く結び付くものである。新潟大学アニメ・アーカイブ研究センターとしても、簡単に答えが出せるものではなく、検討を重ねながら作業を進めている。特に、アニメ中間素材は多種多様であり、それぞれの資料の素材や保管状態も異なるため、そのデジタルデータから読み取られるべき情報も異なる。例えば、企画書や脚本などの文書は文字情報がはっきりと読み取れなければならないし、セル画や背景画は色ができるかぎり現物に近いものが好ましい。このことを踏まえると、多種多様な中間素材の特徴とアーカイブの活用方法をもとに、適切な設定を判断する必要があるといえる。

おわりに

紙媒体のアニメ中間素材は、その種類と量が膨大であり、一つの施設、あるいは個人で網羅的に保存・管理することはきわめて難しい。場所や人員などのいくつもの問題が重なり合い、それを困難にさせているために、散逸や廃棄の危機にさえある。しかし、そこに書き込まれたアニメの作り手たちの生々しい試行錯誤の痕跡は、制作者としてであれ、研究者としてであれ、様々な形でアニメに関わる次世代の人々にとって、多くの発見と示唆に富むものになるはずだ。

紙媒体のアニメ中間素材のデジタル化に際しては、資料の特徴と、それをおこなうアニメ制作会社、美術館、大学をはじめとする研究機関など、各施設での活用方法や使用目的に合わせた設定を決めることになる。重要なのは、アニメ中間素材のデジタルアーカイブ化に取り組む各施設が、「紙媒体のアニメ中間素材と、そこから読み取れる情報・技術をどのように保存し、次の世代へ引き継ぐか？」という問題意識をともにし、具体的な手立てを蓄積・共有することである。そして、そのような情報共有を可能にするためには、各施設同士の連携体制の整備が必要不可欠である。立場と目的を異にする多様な施設からデジタルアーカイブ化の実践例が報告され、共有されることは、これからアニメ中間素材のアーカイブ化作業を始めようとする施設にとっても、すでに作業を進めている施設にとっても、自らの目的に適した作業方法を検討する際の手がかりになる。そして、それぞれの立場と目的に基づく多様なアーカイブ同士が連携し、ネットワークを築き上げることは次世代での活用方法の可能性を広げることにもつながるだろう。アーカイブが果たすべき役割とは、過去の情報を保存することだけではない。のちの世の鑑賞者に、残された資料の一つひとつから、それぞれの資料の持ち主（作り手）の思考の痕跡に触れるような経験をもたらし、鑑賞者の「いま」と「未来」に寄与することこそ、重要な役割だろう。

注

（1）国立国会図書館関西館電子図書館課『国立国会図書館資料デジタル化の手引 ２０１７年版』国立国会図書館、二〇一七年、一八ページ（https://dl.ndl.go.jp/view/download/digidepo_10341525_po_digitalguide170428.pdf?contentNo=1&alternativeNo=）［二〇二二年十月三十日アクセス］

（2）同書一七―一八ページ

（3）マンガ原画アーカイブマニュアル部会『マンガ原画アーカイブマニュアル（２０１９年度）』メディア芸術コンソーシアムＪＶ事務局、二〇一九年、二四ページ（https://mediag.bunka.go.jp/mediag_wp/wp-content/uploads/2020/04/38_jv1_2.pdf）［二〇二二年十月三十日アクセス］

（4）京都精華大学国際マンガ研究センター「原画，（ダッシュ）プロジェクト」（http://imrc.jp/project/）［二〇二二年十月三十日アクセス］

（5）京都精華大学国際マンガ研究センター「原画，（ダッシュ）の特徴」「原画，（ダッシュ）プロジェクト」（http://imrc.jp/project/feature.html）［二〇二二年十月三十日アクセス］

（6）前掲『マンガ原画アーカイブマニュアル（２０１９年度）』二ページ

（7）集英社「④ジャンプフェスタ2021受注（限定・先行）グッズ」「ジャンプフェスタ'21 ONLINE オ

リジナルグッズ販売ECサイト」(https://www.goods-onlineshop.com/shop/r/r04_sgn/)［二〇二一年九月二十日アクセス］

(8)『ハイキュー!!』の公式「Twitter」アカウントである「ハイキュー!!.com」(@haikyu_com)には次のとおり掲載されている。「ハイキュー!!最終回の複製原稿が当たる応募者全員サービスの締切は本日8/3の23:59までです！／WJ33・34号の電子版からも申し込めますので、ジャンプ＋などからバックナンバーをお買い求めいただければ今からでも！単独の目次もあるのでネタバレ回避可能！／3850円で28P分全てが！よろしくお願いします！」二〇二〇年八月三日午前七時五十五分ツイート(https://twitter.com/haikyu_com/status/1290058766134607872)［二〇二一年九月二十日アクセス］

(9)「名探偵コナン　紺青の拳」ビーイング、二〇一九年(https://beinggiza.com/conan/cp2019/)［二〇二一年十月三十日アクセス］

(10)ここで紹介したのはあくまで「現在の各種設定」であるため、今後、同センターでのデジタルアーカイブの運用方法に合わせて設定を見直す必要が出てくることもありえる。

(11)笠羽晴夫『デジタルアーカイブの構築と運用——ミュージアムから地域振興へ』(文化とまちづくり叢書)、水曜社、二〇〇四年、七八—七九ページ

第4章

アニメ中間素材からみえてくる〝ブレ〟表現の独自性

板倉史明

新潟大学の「渡部英雄コレクション」のなかには、一九八四年二月七日から八五年二月二十六日まで計四十七回放送されたテレビアニメ『夢戦士ウイングマン』(以下、『ウイングマン』と略記)の制作途中で使用された中間素材が数多く含まれている。特に渡部が演出助手として関わった『ウイングマン』の第十二話(「わっ!美紅ちゃんと初キッス」、一九八四年五月八日放送)の資料は非常に充実しており、絵コンテや各ショットの原画、タイムシートの資料まで含まれている。

本章の目的は、渡部英雄コレクションのアニメ中間素材を活用することによってはじめて浮かび上がってくる日本アニメの表現の特徴を、具体的な資料に即して解明することである。その作業を通じて、アニメ中間素材が単に制作途中で一時的に使用された消耗品ではなく、研究対象としての可能性を隠し持った魅力的な資料であることを証明したい。今回筆者が注目したのは、原画（絵を動かすときの基点になる重要な絵であり、キーフレームとも呼ばれる）の一部に記された手書きのメモであり、「ブレ」や「ビビリ」と書かれていた。それは原画担当者が動画スタッフへ宛てた指示書きである。「ブレ」や「ビビリ」と指示された実際の場面について、完成したアニメ作品の該当部分を見てみると、それらはすべてキャラクターの一部分が小刻みに振動する（ブレる）動きとして表現されていた。

『大辞林 第三版』[1]を調べると、「びびる」の意味として、①気後れする、②はじらう、③けちけちする、としか書かれておらず、原画に書かれた「ビビリ」表現とは意味が一致しない。しかし例えば、ギターの弦が過剰に震えてノイズ音が出てしまう状態を弦が「ビビる」と表現する場合があることから想像できるように、『ウイングマン』の原画上で指示されていた「ブレ」や「ビビリ」という用語は、描いた画の一部が細かく振動することを表現した業界用語である。以下、このようなアニメ作品における振動表現を「ブレ」と呼びたい。ブレ表現は、少しだけ位置がずれた二つの異なるセル画を交互に撮影することによって、そのずらした箇所が細かく揺れているようにみえる技法である。現代ではフリッカー表現と呼ばれることもあるが、英語圏では伝統的に「バイブレーション」や「スタッガー」と呼ばれてきた技法に類似している。

本章では以下、渡部英雄コレクションの原画資料に記されていた「ブレ」や「ビビリ」という文字をきっかけとして、キャラクターの目のハイライト部分をブレさせる表現が、一九六〇年代の日本で生まれた独自の表現であることを跡づける（第1節）。その後、七〇年代に出﨑統監督がいくつかの作品でそのブレ表現を洗練させ、キャラクターの複雑な心理表現にまで高めた（第2節）、そして第3節では、『ウイングマン』第十二話の原画資料、タイムシート、絵コンテなどを詳細に分析することを通じて、本作にとってブレ表現がキャラクターたちの複雑な心理を表現するために欠かすことができない重要な役割を担っていたことを証明する。結論として、限られた制作時間と予算のなかで毎週三十分枠のアニメーション作品を制作していた日本のアニメ産業の状況が、このような洗練された目のハイライトのブレ表現の洗練を促進させたのだと主張したい。また、本章でのアニメ中間素材を活用した分析を通じて、アニメ中間素材をアーカイブ化することの重要性と、研究や教育に活用していくことの面白さを読者に伝えたい。

1　目のハイライトのブレ表現が登場した一九六〇年代

目のハイライトのブレの起源について、これまでアニメファンや業界関係者の回想のなかで語られてきたのは、一九六八年に公開された『太陽の王子 ホルスの大冒険』（監督：高畑勲、東映）で初めて使用されたというものである。映画開始後約九分十五秒後に、ホルスが父親の死を前にして泣く場面で、ホルスの目の輪郭部分と、目のなかのハイライト部分がぷるぷると小刻みに揺れ、目のなかにたまっていた涙が目から落ちそうになる様子がブレ表現として意図的に使用されている。(2) そしてホルスがまばたきをした瞬間に、目のなかにたまっていた涙が頬を伝ってこぼれ落ちるという演出につながる。この演出について、高畑勲の盟友で『太陽の王子 ホルスの大冒険』の作画監督を担当した大塚康生は、二〇〇三年に本作の絵コンテが書籍として刊行された際に、以下の回想文を寄せている。「ホルスの眼の中で泳ぐハイライトによって涙ぐむ姿を考え出したのも高畑さん自身でした」(3)

しかし今回筆者の調査で新たに判明したのは、『太陽の王子 ホルスの大冒険』の七年前に、同じ東映動画によって作られた『安寿と厨子王丸』(監督:藪下泰司/芹川有吾、演出助手:高畑勲、東映、一九六一年)のクライマックス場面で、母と子が涙の再会を果たしたときに、主人公の目のハイライトが細かくブレて、涙がたまっている様子が観客に明確に伝わるように意図的に表現されていたことである(映画開始から一時間二十分五十八秒ごろ)。

以上のように、一九六〇年代における目のハイライトのブレ表現は、父が死ぬ悲しみや、母と再会できた喜びを表現するために涙を震わせることを目指した技法として使われ始めたことがわかる。現在の私たちから見れば、キャラクターが泣くときにハイライト部分を細かく揺らす表現はごく当たり前の技法であるため、驚く読者は少ないかもしれない。もちろん六〇年代以前には、物体の振動（例えば鐘を鳴らしたときの鐘の震え）をブレで表現していたし、寒さでキャラクターの体が震えるという表現もあったし、さらには怒りが爆発しそうで手がぶるぶると震える表現も存在した。しかし六〇年代以前の日本と世界のアニメーション作品を見渡すと、目のハイライト部分を振動させることによって涙を表現することは、筆者が調べたかぎりでは、『安寿と厨子王丸』と『太陽の王子 ホルスの大冒険』以外に存在しない。例えば六九年に放送された『リボンの騎士』第五十二話（最終回）のラストシーンでサファイヤとチンクが涙を流すとき、目の下に涙のようなものが見えたかと思うと、それがきらっと光の反射できらめくように表現され、それが涙の表現になっている。そのときに目のハイライトは全く動かない。あるいはハイライトを震わさずに、目のなかの涙がまさに〝ポロリ〟と目からこぼれ落ちる演出しかなかった。

目のハイライトのブレ表現は、日本アニメーション史における画期的表現だったといえる。なぜならば、目のハイライトのブレを使った感情表現は、日本で一九七〇年代以降さらに洗練されていき、より多様で複雑な感情を表現できる便利で重要な技法として一部の監督によって使われるようになり、八〇年代以降は多くのアニメ作品で使用されるほど流行した表現になったからである。

2 複雑なキャラクターの感情を観客に伝える一九七〇年代のブレ表現

一九七〇年代になると、何人かの日本のアニメ演出家が、目のハイライトのブレ表現を、単なる涙がこぼれる直前の演出に限定せず、より多様で複雑な心理描写を表現するために使い始めた。心のなかのダブルバインド的(板ばさみ的)な感情(例えば、学校に登校したい気持ちをもっているが、登校すればいじめっ子からいじめられる。行きたいけど行けない。どうしよう!)のような、キャラクターの心のなかで複数の感情がぶつかり合い、せめぎ合うときに目のハイライトをブレさせるのである。換言すれば、キャラクターの心がまさに激しく動揺してブレている状態を表現するときに、キャラクターの目のハイライトのブレを動かすだけでその表現が達成されるのだ。私たちは一般的に、緊張・興奮・動揺・憤慨すると自然と目が潤んでしまうことがあるだろう。七〇年代以降の目のハイライトのブレ表現は、このようなより高次の感情表現を効果的かつ効率的に表現する技法へと洗練されていった。

動揺する心理を表現するために目のハイライトのブレを意識的かつ効果的に使い始めたのは、アニメーション監督の出﨑統である。(4) 一九七三年に放送された『エースをねらえ!』(第五話「鬼コーチにぶつかれ!」、一九七三年十一月二日放送)では、練習後にロッカーに戻った主人公の岡ひろみに対して、周りのライバルたちがひろみに聞こえるようにひろみの悪口を言っている場面が描写される。悪口を聞いてしまった直後、ひろみの横顔のクローズアップショットになり、そこで、ひろみの目の輪郭全体が数回振動したあと、目のハイライト部分も小刻みに数回ブレる(本編開始から十四分二十二秒後)。このブレ表現は、『太陽の王子 ホルスの大冒険』で使われたような、涙がこぼれるかこぼれないか、ということを表現するために使われたのではない。ひろみが自分の悪口を聞いてしまったときの心理的な動揺――悪口を言った先輩たちに対する怒りの感情と、そんなひどいことを言われたショック、そして悲しみの感情など――が、ひろみのなかでぶつかり合い、それをどのように外に向けて表現したらいいか戸惑っている様子が、ハイライトのブレ表現だけで見事に表現されているのだ。しかも目のハイライト部分のセルを二種類作って交互に撮影するだけで、そのような複雑な心理描写が達成されるのだから、目のハイライトのブレ表現の〝費用対効果〟はほかに比べようがない。

これはリー・ストラスバーグのメソッド演技を学んで一躍スターになったマーロン・ブランドが、出世作の『波止場』(監督:エリア・カザン、一九五四年)であげた、兄とタクシーに乗って殺されそうになった場面のうめき声(「おー、チャーリー……」)や、ジェームズ・ディーンが『理由なき反抗』(監督:ニコラス・レイ、一九五五年)で、頼りなさそうな父親が女性用エプロンを着けて食事を祖母に持っていこうとして、うっかりトレイごと床にこぼしてしまった場面で、その父の〝情けない〟様子を見てしまったときの怒りと憤り、悲しみ、父への哀れさなどが交ざった感情が渦巻いて混乱してしまい、明確なセンテンスがセリフになって出てこなくなる、というすばらしい演技に匹敵する。(5) アニメでの目のハイライトのブレは、言語的な説明的セリフでもなく、また視聴者が読み取りやすい表情やしぐさによってキャラクターの感情を表現するのでもなく、ミニマムな目のハイライトを細かく振動させることでそのキャラクターの複雑な内面を視聴者に想像させることを促す画期的な表現である。目のハイライトのブレ表現は、〝アニメ界のメソッド演技〟を開拓したといっても過言ではないだろう。

目のハイライトのブレ表現が、一九七〇年代を通じてどのように重要な表現技法になっていったのかを明確に示す比較例をみてみよう。ちばてつや原作の漫画『あしたのジョー』は、七〇年と八〇年に、同じ出﨑統監督によって二度、テレビアニメ化された。同じ監督によって演出された二つのバージョンを比較することで、七〇年と八〇年の日本のアニメ業界における支配的な表現形式を確認することができるだろう。

まず『あしたのジョー』第七十六話（「燃える挑戦状」、一九七一年九月八日放送）で、矢吹ジョーが、ライバルのカーロス・リベラと初めて目が合う印象的な場面がある（本編開始後、十分七秒後から十九秒間の場面）。ジョーはリング外の観客席からリング上にいるカーロスを見ている。一方、カーロスは試合が終わってリングから下りる前に、今後自分のライバルになるジョーが見にきていたことを確認する。ようやく二人の目が合うと、ショット／切り返しショットの編集によって、ジョーとカーロスのクロースアップショットが交互に観客に提示される。そのときクロースアップショットにはトラックアップ（撮影時に少しずつカメラがセルに接近していく）の技法が施されて観客の注意を顔に誘導すると同時に、カーロスの口元できらりと光が反射したときの輝きを表現する（前述した『リボンの騎士』のサファイヤの涙がきらりと光ったときと同じ手法）。目は全く動かない。次のショットはジョーのクロースアップショットだが、目の外枠が二度ほどビクビクと動いて動揺している様子が表現されるが、目のハイライトのブレは使われていない。ここから、一九七一年の出崎監督のアニメ作品は、目のハイライトをブレさせることで複雑な心理を表現する選択肢をまだもっていなかったといえる。

では、同じ出崎監督によって一九八〇年にリメークされた『あしたのジョー2』第九話（「そして…野獣は甦った」、一九八〇年十二月八日放送）の同じ場面を確認してみよう。ジョーとカーロスの二人の目が合ったとき、それぞれの顔のクロースアップショットが、ショット／切り返しショット（＋トラックアップショット）で観客に提示される。すべての切り返しショットで、ジョーとカーロスの目のハイライトだけがブレで表現されていて、それ以外の部分にキャラクターの動きは全くない。つまり八〇年の同じシーンでは、すべての切り返しショットで目のハイライトのブレが表現されていて、しかもその表現だけで、二人の闘志と緊張や不安が同時に表現されているのである。七〇年から八〇年というわずか十年の間に、一人のアニメ監督の表現の〝引き出し〟のなかで、目のハイライトのブレを使ったほうがより効果的だと選択するようになったのだ。八〇年代以降、目のハイライトのブレ表現は、一般的な技法として多くの監督がごく自然に使用するようになる。

3 『ウイングマン』第十二話にみる一九八〇年代のブレ表現の流行

本節では一九八四年のテレビアニメ『ウイングマン』で、目のハイライトのブレ表現がキャラクターの心理表現の中心的役割を担っていることを、渡部英雄コレクションを活用して実証的に解説したい。『ウイングマン』第十二話は三十分枠のアニメ番組だが、オープニングとエンディングを除いた本編の長さは二十分四十五秒である。現存している渡部英雄コレクションの絵コンテによると、この回は計三百三十一のショットによって構成されている。(6) さらに各ショットの原画資料に「ビビリ」や「ブレ」とスタッフへの指示が書き込まれているショット数は、なんと四十一カ所もある。つまり本編全体の一二・三八%の割合で、ブレ表現が使われているのだ。

ブレの内訳をみてみよう。ここでブレを「物理的」「生理的」「心理的」の三つに分類したい。物やキャラクターが外側からの力を受けて振動する場合を「物理的ブレ」と呼ぶ。例えば、キャラクターが逃げようとするがロープが絡まって逃げられないときに生まれるロープのブレ表現は物理的ブレに該当する。『ウイングマン』第十二話では、この「物理的ブレ」が計八回使われている。

二つ目は「生理的ブレ」である。これはキャラクターの身体の内的な要因によって生まれる振動である。例えば、寒さで体が自然に震えてしまうのも「生理的ブレ」だし、第十二話では、ロープに絡まって吊るされているときにキャラクターは身体的な痛みを感じているが、その痛みという生理現象をブレで表現したショットも「生理的ブレ」に当てはまる。『ウイングマン』第十二話では、この「生理的ブレ」が計九回使われている。

そして三つ目が、キャラクターの内面的な感情や心理を要因として生まれる「心理的ブレ」である。目のハイライトのブレはこの「心理的ブレ」に該当するものである。『ウイングマン』第十二話では、この「心理的ブレ」がほかの二種類のブレに比べて最も多く、計二十四回も使用されている。

では、実際にブレ表現はどのようにして作成されるのだろうか。現存する原画資料とタイムシートから確認してみよう。第十二話のショット20は、主人公の広野健太が早朝ベッドで寝ているときに夢を見ていて、夢のなかで小川美紅にくすぐられて体をこわばらせながらもだえる（体がブレる＝生理的ブレ）というアクションが描かれる（本編開始後、一分四十六秒から一分五十秒）。ショット20では、健太の体がくすぐられる緊張で四度ブレる。ショット20のタイムシートを見ると、計十一枚の原画を作成し、その原画に基づいて計二十枚のセル画を作成している。以下の数字はショット20のセル番号を指し、この数字セルの順番に撮影していくことになる。

1↓2↓1↓2↓1↓2↓1↓2↓1↓3↓4↓5↓6↓7↓8↓9↓8↓9↓8↓9↓8↓10↓
11↓12↓13↓14↓15↓14↓15↓14↓16↓17↓18↓19↓20↓19↓20↓19↓20↓19↓20↓19↓20↓19↓
20

網をかけた部分では二つのセルを繰り返し撮影することで、ブレ表現がおこなわれている。セル1とセル2は四度も繰り返し撮影して、広野健太のくすぐられたときの体の〝もだえ〟を表現している。そしてさらに、セル8とセル9、セル14とセル15、そしてセル19とセル20の撮影時でも広野健太はブレ表現によってもだえるのである。ここからわかるように、このブレ表現は英語圏での「スタッガー」と同じ方法（三歩進んで二歩下がる）である。

では次に、第十二話のなかで最も数多く使用されている心理的ブレの使用例をみてみよう。『ウイングマン』第十二話のクライマックスは、本物の美紅と偽物の美紅が健太を奪い合う場面の最後で、本物の美紅が勇気を出して、緊張しながら健太に歩み寄り、健太にキスをするシーンである（本編開始後、十四分五十一秒から十五分五十秒）。わずか五十八秒の場面で二十二のショットを使っているが、二十二ショットのうち十二ものショットでブレが使用されている（約五五％）。十二のブレのうち、十個は美紅と健太の目のハイライトのブレ（心理的ブレ）だが、残りの二個は身体的な（生理的な）ブレであり、例えば美紅がキスするときに背伸びをしてつま先立ちになったときの筋肉の緊張をブレで表現している（生理的ブレ）。原画資料を確認すると、すべての該当するショットの原画に「ブレ」あるいは「ビビリ」という手書きの指示が記載されている。

繰り返すが、この場面の集中的なブレ表現は、目にたまった涙（そして最終的には目からこぼれ出るための涙）を表現した一九六〇年代の初期から大きくその機能を多様化させ、そしてアニメ表現として洗練させていることがわかるだろう（実際、美紅も健太も涙を目からこぼすことはない）。本物の美紅は内気なので健太にキスするのは恥ずかしい。しかしいま偽物の美紅の目の前でキスをしなかったら、健太を偽物に取られてしまう。だから勇気を振り絞って健太にキスしようと決意する。

このような本物の美紅の心のなかの相反する気持ちの葛藤と動揺、そして決意したあとの緊張感が目のハイライトのブレになって表現されている。しかもそれは、わずか二つのセルを繰り返し撮影するという非常に簡便で便利な技法で達成されるのである。

ここまで、目のハイライトのブレ表現のルーツを探り、その後、一九七〇年代の出﨑統による様々な実験的手法の開拓のなかで、その表現が洗練され、キャラクターの内面での対立する心理の葛藤、焦燥感など、繊細な心理や感情を表現するという日本アニメの重要な選択肢になったことをみてきた。八〇年代以降は、多くのアニメ監督たちがこの目のハイライトのブレを活用するほど流行した。もちろん現在でもキャラクターが涙は流さずとも目に涙をためて（いわゆる）「うるうる」している状況を表現するときにも効果的に使用されているが、キャラクターの造形に深みを与えることができたこの表現の功績は、日本アニメ史だけでなく世界映画史のコンテクストからも再評価されるべきだろう。また目のハイライトのブレ表現は、限られた時間とスタッフによって作られる日本のテレビアニメの環境のなかで生まれた日本アニメ独自の表現形式であり、〃口パク〃とともに「リミテッド・アニメーション」の制作体制に最もフィットした表現だったともいえる。本章は渡部英雄氏が大切に保管してきた作品の中間素材を大学での研究活用に提供してもらった幸運によって生まれたものだ。アニメは見ているだけで十分楽しい。しかし、私たちに楽しみを与えてくれるアニメ作品の創作のプロセスの秘密がわかれば、もっと楽しいはずである。今後も世界中でアニメ関連の中間素材がアーカイブ化され、研究活動に開放される動きが広がっていくことが強く期待されている。今後のアニメ研究は、中間素材の分析を加えたアーカイブ的要素を加えることで、より実り豊かなものに発展していくだろう。

注

（1）松村明／三省堂編修所編『大辞林 第三版』三省堂、二〇〇六年

（2）絵コンテに対応するのは、シーン５のショット17とショット19だが、どこにも〝ブレ〟や〝ビビリ〟の書き込みはない（演出・高畑勲、絵コンテ作画・大塚康生『太陽の王子 ホルスの大冒険――東映アニメーション作品』〔スタジオジブリ絵コンテ全集第Ⅱ期〕、徳間書店、二〇〇三年、七〇―七一ページ）。

（3）大塚康生「一人の演出家による集中的な個性的表現と主張」、同書所収、ページ数記載なし

（4）今後のさらなる調査が必要だが、目のハイライトを振動させる表現は、一九七〇年代初頭の少女向けテレビアニメ作品ですでに実践されていたようだ。例えば「少女コミック」誌（小学館）に連載されていた同名少女漫画のアニメ化作品である『さすらいの太陽』（演出：勝井千賀雄、虫プロ、一九七一年四月八日―九月三十日放送）では、キャラクターたちが緊張したり動揺したりするときに目の輪郭全体がブレることが多いが、目のハイライト部分だけをブレさせることはしていない。

（5）メソッド演技についてはリチャード・ダイアー『映画スターの〈リアリティ〉――拡散する「自己」』（浅見克彦訳、青弓社、二〇〇六年）二二八―二三〇ページを参照されたい。

(6) 実際は、制作途中で絵コンテのショット番号26、38、117、118、119、120の計六つのショットが削除されているほか、追加挿入したショットが少なくとも二つあるので、三百二十七ショット前後だと推測される。本章では絵コンテのショット数を基盤にして計算している。

『アニメーション文化 55のキーワード』（ミネルヴァ書房）などで翻訳を担当

宮本裕子（みやもと ゆうこ）
明治学院大学大学院文学研究科博士後期課程修了。博士（芸術学）
明治学院大学言語文化研究所研究員、同大学ほかで非常勤講師
専攻は映画・アニメーション研究
著書に『フライシャー兄弟の映像的志向』（水声社）

ータ応用学科非常勤講師
アニメ演出家、アニメーター
主な作品は『北斗の拳2』（演出、東映動画）、『機動戦士Ｚガンダム』（絵コンテ、日本サンライズ）、『スクーパーズ』（監督、日本ビクター）、『新世紀エヴァンゲリオン』（原画、ガイナックス）など

山川道子（やまかわ みちこ）

1980年、東京都生まれ
2001年にプロダクションI.Gに入社し、制作、広報を経て、現在はアーカイブ担当。18年度デジタルアーカイブ推進コンソーシアムのデジタルアーカイブ産業賞貢献賞受賞。社外のアニメスタジオへもアーカイブ方法をアドバイスするなど、アニメ業界でのアーカイブ方法の確立のために邁進している

鈴木 潤（すずき じゅん）

1991年、新潟県生まれ
開志専門職大学アニメ・マンガ学部助手
共著に『理論で読むメディア文化』（新曜社）、『幽霊の歴史文化学』（思文閣出版）、論文に「「女優・田中絹代」と「監督・田中絹代」の結節点としての『恋文』（1953年、新東宝。田中絹代）」（「表現文化研究」第18号）、「「呪いのビデオ」の現在地」（「ユリイカ」2022年9月号）など

板倉史明（いたくら ふみあき）

1974年、熊本県生まれ
神戸大学大学院国際文化学研究科教授
著書に『映画と移民』（新曜社）、編著に『神戸と映画』（神戸新聞総合出版センター）など

［訳者略歴］

風間彩香（かざま あやか）

新潟大学大学院現代社会文化研究科博士後期課程修了。博士（学術）
新潟大学博士研究員
ヴィクトリア朝のウィリム・シェークスピア受容をジェンダー論から捉え直す研究に取り組む
共著に『ヒストリアとドラマ』（三恵社）

平野 泉（ひらの いずみ）

専修大学人文科学研究所特別研究員
専攻は児童文化とジェンダー

颜暁暉（ガン ショウフィ）
1975年、マレーシア生まれ
シンガポール・ラサール芸術大学映画・アニメーション学科講師
専攻はアニメ研究
共著に『アニメーションの映画学』（臨川書店）、論文に“Stimulating Thought Rather Than Appetite”（「アニメーション研究」第21巻第1号）など

萩原由加里（はぎはら ゆかり）
1979年、埼玉県生まれ
帝京大学文学部日本文化学科講師
著書に『政岡憲三とその時代』、編著に『政岡憲三『人魚姫の冠』絵コンテ集』（ともに青弓社）など

程斯（チョン シー）
1993年、中国生まれ
東京大学大学院総合文化研究科表象文化論コース博士後期課程在籍、2020年度東京大学 KOSS 主催クィア理論入門公開連続講座講師
ジェンダー・セクシュアリティの視点から、日本戦後のアニメ声優、とりわけ男性声優が出演する声のコンテンツを研究

エドモン・エルネスト・ディ・アルバン
1989年、フランス生まれ
アメリカ・テュレーン大学コミュニケーション学部助教授
専攻はファン研究とクィア・スタディーズ
共著に『身体の大衆文化』（KADOKAWA）、『運動としての大衆文化』（水声社）など

ジェーソン・コーディ・ダグラス
1990年、アメリカ生まれ
イェール大学映画・メディア研究科／東アジア言語・文学研究科博士課程在籍、早稲田大学大学院国際コミュニケーション研究科訪問研究員
専攻は東アジアのアニメーションに関する理論と歴史
共著に *Animation and Advertising*（Palgrave）、*The Intersection of Animation, Video Games, and Music*（Routledge）など

渡部英雄（わたなべ ひでお）
1952年、北海道生まれ
桜美林大学芸術文化学群ビジュアル・アーツ専修特任講師、湘南工科大学コンピュ

［著者略歴］

蔡錦佳（サイチンチア）
1977年、台湾生まれ
東華印刷局クリエイティブ・ディレクター
国立雲林科技大学デザイン学大学院博士後期課程中退、同大学視覚伝達デザイン大学院修士
共著に『まんがはいかにして映画になろうとしたか』（NTT出版）、『TOBIO Critiques #2』（太田出版）など

ジョアンナ・ルイザ・ブエナフロール・オビスポ
1988年、フィリピン生まれ
立命館大学大学院博士後期課程在籍
専攻は国際関係
フィリピン大学修士課程（アジア研究）修了後にミリアム大学などで教員を務める。フィリピンと日本に関する論文を発表しながら、現在はフィリピンの戦後世代によるアニメの受容史を研究中

クラウディア・ボニッロ・フェルナンデス
1993年、スペイン生まれ
サラゴサ大学大学院博士課程修了。博士（日本研究、美術史）
2020年から22年まで文部科学省奨学金を受けて京都大学で研究員として在籍。現在は日本のポピュラーカルチャーにおける戦国時代の変遷を研究中

ザッカリー・サミュエル・ゴッツマン
1988年、アメリカ生まれ
カリフォルニア大学アーバイン校大学院博士課程在籍
専攻は東アジア研究
論文に “The Rotoscopic Uncanny”（Animation: An Interdisciplinary Journal vol.13, no.3）、“The Japanese Settler Unconscious”（The Journal of Settler Colonial Studies vol.10, no.4）など

楊思帆（ヤン シファン）
1995年、中国生まれ
新潟大学大学院現代社会文化研究科博士後期課程在籍
論文に「「トムとジェリー」短編映画シリーズ作品に見られる異なる動物キャラクターの擬人化」（「表現文化研究」第17号）、「アニメーションにおける動物種の物語機能とその表現」（「表現文化研究」第18号）

［編著者略歴］
石田美紀（いしだ みのり）
1972年、京都府生まれ
新潟大学経済科学部学際日本学プログラム教授、新潟大学アニメ・アーカイブ研究チーム共同代表
専攻は視聴覚文化論
著書に『アニメと声優のメディア史』（青弓社）、『密やかな教育』（洛北出版）、共著に『BL の教科書』（有斐閣）、『アニメ研究入門 応用編』（現代書館）、『入門・現代ハリウッド映画講義』（人文書院）など

キム・ジュニアン
1970年、韓国生まれ
新潟大学経済科学部学際日本学プログラム准教授、新潟大学アニメ・アーカイブ研究チーム共同代表
専攻はアニメーション美学
著書に『イメージの帝国』（ハンナレ出版社、韓国）、共著に *Pervasive Animation* (Routledge)、『戦争と日本アニメ』（青弓社）など

グローバル・アニメ論《ろん》
身体／アーカイブ／トランスナショナル

発行――――2022年12月16日　第1刷
定価――――2800円＋税
編著者――石田美紀／キム・ジュニアン
発行者――矢野未知生
発行所――株式会社青弓社
〒162-0801 東京都新宿区山吹町337
電話 03-3268-0381（代）
http://www.seikyusha.co.jp
印刷所――三松堂
製本所――三松堂

ISBN978-4-7872-7451-9　C0074